打者が嫌がる投球論
投手が嫌がる打撃論

権藤 博
二宮清純

廣済堂新書

はじめに

権藤博さんが横浜を率いていた頃、右手でアゴをさするいつものポーズをとりながら、相手チームのバッティング練習に身を乗り出しながら視線を送り続けていることが、よくあった。

そこで権藤さんに話を聞くと、「僕はバッター相手に40年近くメシをくっているんですよ。僕くらいバッターのことがよくわかっている監督はいない。バッティングコーチだってやろうと思えばできます」と冗談めかして語ったものだ。

考えてみれば、権藤さんの言うとおりである。ピッチングコーチは、自軍のピッチャーの状態を見ることも大事だが、それ以上に相手バッターの調子を知っておかなければならない。

それはバッティングコーチについても同様のことが言える。自軍のバッターにアドバイスすることも重要だが、相手ピッチャーを見た上でのアドバイスなら、さらにそれは有効なものとなる。

「敵を知り己を知れば百戦殆うからず」は「孫子の兵法」に出てくる有名な一節だが、日本のプロ野球において、監督やコーチの仕事の多くは「己を知る」ことである。印象として、あまり「敵を知る」ことに熱心ではない。

その典型がスプリング・トレーニング（春のキャンプ）である。期間中、A球団の監督がB球団のキャンプ地に乗り込み、〝敵情視察〟を行っている光景に遭遇することは、まずない。期間中、監督はずっと自軍のキャンプ地に張り付いたままである。

そんな話をすると、決まって「いや敵情視察はちゃんと行っていますよ。スコアラーを敵地に派遣していますから」との反論が返ってくる。しかし、スコアラーに任せるのと、自らの目や耳で確認するのとでは、得る情報の重みはまるで違う。

今年（２０１９年）の日本列島はラグビー一色に塗り潰された。55歳の若さで世を去った宿澤広朗元代表監督は、１９９１年ラグビーW杯において、記念すべき初勝利（ジンバブエ戦）を日本ラグビー史に刻んだ名将である。

それ以上に記憶に残っているのが89年5月、東京・秩父宮ラグビー場で行なわれたスコットランド戦である。スコアは28対24。これはＩＲＦＢ（国際ラグビーフットボール評議会。現ワールドラグビー）所属のメンバー相手に、日本があげた初めての勝利でもあった。

今でも語り草なのが、宿澤さんの〝スパイ行為〟である。

試合前日、スコットランドは秩父宮で秘密練習を行った。その情報を得た宿澤さんはラグビー場を見おろすことのできる伊藤忠商事に頼み込み、ブラインドのすき間から双眼鏡で〝のぞき見〟した。

言うまでもなくラグビーは紳士のスポーツである。協会からは〝のぞき見厳禁〟の通達があった。

それを侵してまで、宿澤さんが、こっそりと双眼鏡を構えた裏には、こういう狙いがあった。

〈秘密練習を見るという、いわばエチケットに反する行為は勝ちたいという意欲の表われであった。そこまでして情報を集め勝とうとしている。そのことが大事なことで、秘密練習はどのような内容であったかを選手達に伝えることは、同時に「俺達はここまでやっているのだ」という情熱を伝えることでもある〉（自著『ＴＥＳＴ　ＭＡＴＣＨ』講談社）

権藤さんは大のラグビーファンでもある。日本代表前ヘッドコーチのエディー・ジョーンズさんとも親交がある。投手は投手、野手は野手と未だに縄張り意識の強いプロ野球において、時に〝領空侵犯〟すら厭わない権藤さんの発想の柔軟性は、前作の『継投論　投手交代の極意』に続き、２作目の本書でもいかんなく発揮されている。乞うご期待、である。

２０１９年11月吉日

二宮清純

打者が嫌がる投球論
投手が嫌がる打撃論

目次

目次

第二章

打者が嫌がるピッチャーの絶妙の「間」
――速いだけでは抑えられない

第三章　その常識を捨てなさい——「低めに投げろ」は大間違い

第四章 嫌なバッターはあいつだ！

第五章 嫌なピッチャー、嫌なバッターをつくるために
――監督・コーチができること、できないこと

第一章

嫌なバッターの共通項

――データでは分からない生きざまがある

バッター目線の投手論、ピッチャー目線の打者論

二宮　権藤さんはピッチャーとして2年連続30勝以上（61年35勝、62年30勝）という、今では到底考えられない実績の持ち主で、毎日のように登板することから、「権藤、権藤、雨、権藤……」という当時の流行語にまでなった伝説の投手です。

現役引退後は、中日（73～83年／12年）、近鉄（88～89年）、ダイエー（91～93年）、横浜（97年）のピッチングコーチ（バッテリーコーチを含む）を務められ、98年に横浜の監督に就任されると就任1年目にして38年ぶりのリーグ優勝、日本シリーズ制覇に導きました。

大魔神・佐々木がメジャーリーグのマリナーズに移籍していなくなった後もAクラスをキープし、在任中（3年間）一度もBクラスを経験しなかった横浜史上唯一の監督です。

さらに2017年にはWBC日本代表のピッチングコーチとしても、投手陣のセレクトから起用法、投手交代に至るまでを小久保監督から任され、準決勝に進出（アメリカ

に惜敗）という結果を残されました。

権藤さんの横浜監督時代を振り返ると、日本一と言われたピッチングコーチとしての手腕が、相手チームのバッターとの勝負においてフルに発揮されていた印象があります。「8割はピッチングコーチ」と公言され、ベンチから球種のサインを出したり、ローテーションの組み立てや継投も主導された。

そこで、ご自身がピッチャーを経験され、コーチとしてもピッチャーを見続けてこられた権藤さんだからこそ語れる投手論、さらには、ピッチャーはバッターと対戦するわけですから、バッターのことを穴のあくほど観察してこられた権藤さんならではの打者論にも踏み込んでいただきたいというのが本書の趣旨です。

権藤　おっしゃる通り私はピッチャー出身ですから、現役から数えればバッター相手に60年ぐらい商売しているわけですね。

そうなると、ピッチャーを見るのがピッチングコーチですが、実はバッターのことも相当見ているわけですね。むしろ、ピッチャーよりバッターのことを考えていることのほうが多いかもしれない。

なにしろピッチャーは、バッターを倒さなければ商売にならない。それには対戦するバッターを観察してどうしたら痛い目に遭わないかを考え抜く。もうそればかりやってきたと言ってもいいくらいです。

二宮　バッターのことを知り、弱点を突くことができれば、ピッチャーが打たれない確率は当然上がります。逆にバッターはピッチャーのことを知れば打てる確率が上がる。考えたら当たり前のことで、選手に結果を出してもらわなくてはいけない監督・コーチは、選手以上に、そのことを深く考えなければいけない立場です。

しかし、その立場を経験された方が、ピッチャー目線の打撃論、そしてバッター目線の投球論を同時に語った本は今までありませんでした。

3割打てば成功の打者、3割打たれたら失敗の投手

権藤　そうなんですよね。ピッチングコーチの視点から見たバッター、バッティングコーチの視点から見たピッチャー。その視点をもっていれば、おのずと自分なりの考え方

が出てくる。そうなれば、監督に「ここはこうしましょう」と言えるはずだと思います。

しかし実際はどうか。悪いけれども、多くのコーチはありきたりのことをやっているだけで、監督に言う言葉は「どうしましょう」ばかり。あれなら誰でもやれるぞと思うことが多いですよね。

ピッチャーを任されたピッチングコーチが怖いのは、相手のバッティングコーチにピッチャーをじっくり観察され、研究されることです。

あのピッチャーはこういう投げ方でこんな攻め方をしてくるなんていうのを、バッターサイドから言われたら、「ああ、そうだったのか」ということは、よくあります。それはもう、バッターが一番ピッチャーのことを考えていますから、それを徹底的にやられたら、ピッチングコーチはお手上げなんですよ。

だけど、バッター側からあまりそこが出てこないというのは、ピッチャーとバッターには根本的な違いがあるからだと思います。

バッターというのは3割打てば一流ですが、それでも7割は失敗するわけじゃないですか。トップレベルのバッターでも7割近くは失敗する。だから、打てないこと、失敗することにそこまで執着がないんですよ。

でもピッチャーは違います。バッターに3割打たれたらとんでもないことになりますから。打ち取る確率が7割では投手失格で、8割近くは成功しないとメシが食えない。そこがピッチャーサイドから見るバッターと、バッターサイドから見るピッチャーの根本的な違いです。

二宮　なるほど。ピッチャーのほうが失敗してはいけないという気持ちが強い。ピッチャーとバッターでは失敗に対する考え方が違うと。

ピッチャーがどれくらいの確率でヒットを打たれたかを示す「被打率」というデータがありますが、2019年シーズンで言うと、パ・リーグの先発投手のトップが有原航平（日本ハム）の1割9分1厘、2位が山本由伸（オリックス）の2割ちょうど。セ・リーグだと2割6厘の大野雄大（中日）がトップ、2位が2割1分の今永昇太（DeNA）となっています。

これが中継ぎ、抑えとなればもっと数字はよくなっていく。単純に言えば、10回に3回打てば一流と言われるバッターと、10人に投げてヒット3本打たれたら出番がなくなるピッチャーとでは全然違うわけですね。

権藤　だから必然的に、ピッチャーがバッターを見る視点は、バッターがピッチャーを見る視点よりも敏感で臆病になる分、深くなるということは言えるかもしれません。

バッターの生きざまを見る

二宮　それではまず、「ピッチャーから見て嫌なバッターとは？」というところから話を始めましょう。

単純にクリーンアップに座る強打者、数字を残している打者だから嫌だというのは理解できます。それだけではなく、状況によっては嫌なバッター、たとえばピンチで打順が回ってくると嫌なタイプとか、ここまでノーヒットだから逆に怖いケースとか、いろいろあると思われます。

権藤　打率が2割そこそこのバッターだからとか、当たっていないバッターだから安心ということとは、必ずしも言えません。プロ野球の場合、何度も同じ選手との対戦があるわけですから、その選手の生きざまがだいたい見えているわけですよ。

二宮　生きざまですか。ピッチャーサイドから見れば、あるバッターの調子がいいとか悪いとかいうよりも、その選手の生きざまのほうが気になる。

権藤　投手として、あるいはピッチングコーチとして毎日バッターと戦ってきた僕みたいな人間は、そういうことばかり見ていますから。

二宮　打率でいうと2割5分~7分ぐらいのバッターでも、「生きざま」によって、全然、警戒レベルが違ってくるわけですね。

権藤　そうなんですよ。「今日は振れてないけど、いざとなったらこいつは危ないぞ」とか、「(スコアが)3-0のときは特に危ない」とか、そういうのもあるわけです。それとは別に、今日はどうやっても当たっている、タイミングが合っている日だから危ないというのもありますが……。

二宮　2年前に権藤さんと一緒に出させていただいた『継投論　投手交代の極意』(廣済堂新書)の中でも、西武・石毛(宏典)の3打席目は要注意だったとおっしゃっていました。

権藤　あれはもう彼の性格からくるものでしょうね。とにかく相手のチャンスで石毛の3打席目を迎えたら、もう歩かさなきゃいけません。

当時、僕は近鉄やダイエーのピッチングコーチでしたが、もし監督の立場だったら、嫌がらせにキャッチャーを立たせて歩かせてやるぞというぐらいの気持ちでした。今なら申告敬遠ですよね。

二宮　僅差の試合の終盤で得点圏にランナーがいて、1塁が空いている。そういう場面で当たっているバッターを迎えると、「今日は3打数3安打ですから、ここは歩かせるでしょう」と解説者がよく言いますが、逆に3打数ノーヒットだから怖いということもあるでしょう。

権藤　3打数ノーヒットのバッターは確率的に危ないんですよ。4打数1安打の確率で2割5分なわけだから、その1本が出る確率が高くなる。

逆に3打数3安打なんて1年に何回もあるもんじゃない。盆と正月みたいなもので、2安打したバッターがもう1本ヒットを打つなんてことは確率的には高くない。でもバッターの性格ってあるじゃないですか。第1打席でヒットを打ったら3本まとめて打つ。

打ちだしたら止まらないというタイプもいますから。

二宮　権藤さんが対戦したバッターで言うと、たとえばどんな人が……。

権藤　阪神の吉田義男さんがそうでした。第1打席にヒットを打ったら、もう3本きます。お調子者タイプのバッターでしたね。

守備のほうだと、ファインプレー3連発なんていうお調子者はあまりいないけど、打つほうではときどきいます。そういうバッターは最初に1本出たら、右に左にと始末に負えません。

打者が一番嫌がる投手は藤浪晋太郎

二宮　長嶋茂雄さんの場合は、当たっているとかいないとか関係なく、たとえ4打数1安打でも、ここで1本欲しいときにその1本が飛び出すという印象がありました。

権藤　長嶋さんはやはり別格ですけど、さすがの長嶋さんでも合わないピッチャーはいたんですよ。

二宮　大洋ホエールズのエースだった平松政次さんのシュートに手こずっていましたね。

権藤　徹底してインコースに行きますからね。もっとも平松はシュートピッチャーで一級品ですからそれができたけど、普通のピッチャーにあのピッチングはできないですから。

　そういうクラスのピッチャーでなくても長嶋さん、ちょこちょこボールが抜けたりして、どこに来るか分からんというタイプのピッチャーは嫌だったと思いますよ。

二宮　今なら阪神の藤浪晋太郎みたいなピッチャーでしょうか？

権藤　あれはみんな嫌です（笑）。

二宮　藤浪みたいに3塁側にインステップ（クロスステップ）して投げてくるピッチャーというのは、たいていのバッターが嫌がります。

　しかも、フォアボールばかりかデッドボールも頻発するようになり、「イップスか？」とまで言われるようになってしまった。角《つの》を矯《た》めて牛を殺す、じゃないけど、短所を指摘しすぎる余り、長所まで消えかかっているような印象を受けます。

　2019年のシーズンには、わずか1試合に登板したのみ。どこかを痛めたわけでもないのに、これだけ成績を落とすピッチャーは珍しい。
そんな藤浪を、権藤さんは、ずっと弁護していましたね。周りがいじりすぎだと。

権藤 そもそも甲子園で優勝投手にまでなって、プロでも3年連続で2ケタ勝ってきたピッチャーのフォームを、なぜ直そうとしたんですか。最初に誰がやったかは知りませんが、寄ってたかってあれはいかんという感じでやってしまった。それが完全に裏目に出ましたね。

二宮 同じく甲子園の優勝投手だった西武の渡辺智男も、入団から3年連続で2ケタ勝利をあげていたのに、「フォアボールを出すな」「コントロールをつけろ」と周囲に言われ始めてから、おかしくなってしまった。

権藤 バッターから見てどういうピッチャーが嫌なのかというのが、この本のテーマじゃないですか。そういう視点で見たら藤浪なんか、一番バッターが嫌がるピッチャーなんですよ。
だったら、一軍に上げたり二軍に下げたりせずに、そんなにバッターが嫌がるピッチャーなら上でずっと使えばいいじゃないですか。

フォアボール？　たった塁1つ、シングルヒット1本じゃないですか。ただ、そのフォアボールを4つも5つも出すから、藤浪自身が自滅していってしまうわけですよね。

二宮　しかも抜け球が何度もバッターに当たるものだから、「見てられん、二軍で調整してこい」となってしまう。

権藤　それがいかんのです。下で出直してこいじゃなくて、「上に置いたまま、コーチがフォローしてやってみろ」って言うんですよ。

「2本ヒット打たれたらランナー1・3塁になるかもしれないけど、フォアボールは2つ出しても、1・2塁にしかならない。打たれるよりましなんだから、お前はそれでいいんだよ」と言ってやればいい。

メジャーリーグなんか、もう完全にそういう時代になっていますよね。それぞれのピッチャーの特性を生かしながら、いろんなタイプを集めて投手陣をつくっていきますから。

もちろん、藤浪も今のままではスーパーエースにはなれないかもしれない。でも、あの背丈と球威と、あのボールの暴れ方は、立派なローテーションピッチャーに違いないんですよ。

二宮　「ボールの暴れ方」という表現が権藤さんらしい。フォームをあれこれいじった結果、仮にコントロールが少々よくなったとしても、打者が怖がるような〝魅力〟はなくなってしまいますよね。

アメリカなら訴えられる!?

権藤　ダイエーのコーチをやっていた頃、メジャーリーグのピッチングコーチで有名なトム・ハウスの指導を見に行ったことがあるんですよ。

　晩年のノーラン・ライアンを独特の指導法で復活させた人で、やっぱり一家言ある頑固な感じの人ですが、その彼がインステップのことなんか何も言わなかったですからね。

　彼はインステップするピッチャーが、ちょっとヒザが外に割れると、ちょうど体がホームベースに対して真っ直ぐ出ていく形になると言うんですよ。逆に、インステップしないピッチャーのヒザが割れて外に向いてしまったら、このほうがダメなんだから、別にインステップは悪くないんだと。

二宮　なるほど。インステップでも最終的に体が真っ直ぐホームベースのほうへ向けば、何も問題はない？

権藤　そう。インステップするピッチャーに対して何も言わない。インステップしてもちょっとヒザが外に逃げると、バッターに対し真っ直ぐ向かっていけるんだからそれでいい。ヒザが逃げるのは覚悟の上、逃げていいんだという考え方なんです。

だけど日本の教え方は、ホームベースに向かって真っ直ぐ出て行ってヒザは外へ逃がすなということじゃないですか。だからインステップを直したくなる。藤浪も3塁側に足が出ていって、ヒザがちょっと外へ逃げる形で、体は真っ直ぐホームベースに向いていた。だから全く直す必要はなかった。

高校時代からあれだけ活躍したピッチャーにあれこれ言ってダメにしたとなれば、アメリカだったら訴訟を起こされて、完全に負けますよ。

二宮　藤浪の〝フォーム改悪〟はいつ頃から始まったんでしょう。

権藤　金本（知憲）が監督になる少し前からじゃないですか。金本監督のときにフォアボールやデッドボールが我慢できなくなって下に落としたんですけど、その前から周囲がそれを気にし始めていた感じがします。

誰が何を言ったかは知りませんが、マスコミや評論家も含めてみんな言っていたはずなんですよ。僕は大阪の人間じゃないので詳しくは知りませんが。

二宮　ファンも加わりますからね。

権藤　コーチは何をやってるんだと騒ぎますから。

二宮　周囲のそんな声が大きくなってくると、コーチも何かしないといけないんじゃないかという気になってくる。

権藤　しちゃいかんのですよ。それをしたらアメリカなら訴えられますよ。

二宮　権藤さんみたいに実績があって、一家言あるコーチならともかく、普通のコーチなら、「なんとかせえ」と言われたら、あれこれ考え始める。「そのためのコーチだろ!?」と言われたら、昼行燈《ひるあんどん》を決め込むのは難しい。

権藤　僕も経験がありますが、野手出身の監督は最初は必ず「ピッチャーのことは分からんから（投手コーチに）任せる」と言ってくる。だけど、だんだん口を出し始めるわけですよ。

ピッチングコーチはピッチャー経験者ですから、ピッチャーのことは分かるじゃないですか。だから、「こうしましょう」と監督に提案すればいいんだけど、前の本（『継投論』廣済堂新書）でも述べたように、イエスマンばかりで、返す言葉は「こうしましょう」ではなく、全部「どうしましょう」になってしまう。

二宮　あれは面白かった。みんな、監督にお伺いを立てる「どうしましょう派」になってしまうわけですね。

権藤　この前、鳥谷（敬）にもあの本を渡しました。彼もいずれ監督・コーチをする時期が来る。その時の参考になるからと。

僕の考えを押し付けるんじゃなくて、読んでこれはやってみようと思うか、これはやらんぞと思うか、それはもうその人の考え方だからどっちでもいい。ただ、監督・コーチになったときのための参考意見として読んでおきなさいと。

いろんな考え方を参考にした上で、もちろん最後は自分の判断。自分で判断して自分流のものをつくらないとダメ。人に言われたことをやっていたのでは、その人たちには絶対に勝てません。

一見、みんな優秀な日本のピッチャー

二宮　プロのピッチングコーチの視点から、これはいいぞと思うピッチャーと、ダメだなと思うピッチャーがいると思います。それとは別にバッターから見ていいピッチャーとダメなピッチャーもいる。これが一致しないから面白い。

権藤　それは長いことピッチングコーチをしてきた僕からすると、すごく考えさせられるところなんですよ。

二宮　「スラッと手足が長くて撫で肩で、ピッチャーらしいピッチャーだねえ」とか、スカウトの方からそういう話をよく聞きます。撫で肩で背が高くて手足が長いとくれば、肩の可動域が広く、しなりのきいたフォームになるから、投手の素材としてこれ以上ないという見立てですよね。

しかし、いったい何をもって〝投手らしい体型〟というのか。過去の名投手でも米田

哲也さんや江夏豊さんは、〝がっしり型〟だし、山口高志さんもいかつかった。

権藤　それはたまたま活躍した投手の中で撫で肩が過去に何人かいたよな、というだけの話ですよ。根拠なんてありません。

二宮　ドラフト会議の前には、スカウトが目をつけた候補選手の投げたり打ったりのシーンをビデオで見るわけでしょう。

権藤　そうです。ただ、アメリカと日本で全然違うのは、ルーキーのレベルなんです。アメリカだと、ルーキーのピッチャーは1Aか2Aのどっちに入れてスタートさせるかという話になるけど、日本のルーキーはレベルがすごく高い。極端に言えば、ほぼ一軍レベルですから。

二宮　確かにアメリカのルーキーリーグか1Aにいるピッチャーの中には、ボールはめちゃくちゃ速いけど、牽制の仕方も知らないようなピッチャーもいる。そこへいくと、日本のピッチャーはそこそこ出来上がっています。高校野球で〝基礎教養〟は、ほぼマスターしているような印象があります。

権藤　そう。だからまあ、投げさせてみてからの判断ですよね。

ブルペンとマウンドでどう違うかを見るわけですよ。ブルペンで「おおっ、いい球投げるな」と思うと、とりあえずは褒めるけど、それだけでは信用しません。実戦形式のシートバッティングで投げさせると同じようにできるかな？　としか思わない。

長年見ていると、最初いいなと思ったけどダメだったピッチャーもたくさんいる。だから、最初に見て「君は素晴らしいね」と言ったとしても、シートバッティングで変化球を投げたり、あるいはバッターが立ったりすると、とたんにストライクが入らなくなる。そうすると、ああ、これはダメなパターンかなと……。

それでも「ブルペンでもバッターが立っていると思って、それに対処できるように練習しなさい」ぐらいは言いますよ。それで次の出番をつくってもダメ、次もダメとなっても、しばらくは我慢強くじーっと見ているわけです。

その段階から、もう競争は始まっています。最後、このピッチャーを使うか使わないかを判断するのは、競争を勝ち抜けるかどうか。それをこちらは見ている。

二宮　結局、プロの世界を生き抜くためには〝自助努力〟しかない。バッターが嫌がる何かを探し出した者のみ生き残れると。

打てる球だけを狙ってくる、嫌なバッター

権藤　新人のバッターの場合も、やはり日本はレベルが高いから、どの選手が使えるかなんて、春のキャンプでフリーバッティングなんか見ても全然分かりません。フリーバッティングなら一軍野手並みにガンガン打つ奴がたくさんいて、誰がレギュラーか補欠か分からないくらいです。

だから、実戦練習に入る前、こっちはニヤニヤしながら見ているんですよ。「あと10日経ったら答えが出ますよ」と。つまり、その段階ではあまり当てにしていない。

そうこうしているうちに、フリーバッティングでガンガン打っていたヤツが上に上がってきて、一軍と合流するじゃないですか。その段階ぐらいだとレギュラーは、今から打ってもしょうがないと流している時期ですが、そいつらは必死ですよね。

で、実戦のバッターボックスに立つと、たとえば4球のうち3球は真っ直ぐで、1球だけカーブなんかが混ざる。そうすると、変化球が1球入っただけで、あと3球は真っ

直ぐが来ているのに、その真っ直ぐが全く打てなくなってくるんです。
　ピッチャーからしたら、変化球は打てないけど真っ直ぐは打てる、だから真っ直ぐを打つんだと徹底してくるバッター。これが一番嫌なんですよ。「打てん球は打てん。だけど、打てる球だけは絶対に打つぞ」という考え方で向かってくるのが一番嫌なバッター。徹底されると困るんです。

二宮　なるほど。打てない球は打てないから振らない。しかし得意なボールは必ず仕留める。これは不気味ですね。

権藤　こっちもピッチャーに変化球ばかり投げさせるわけにはいかないじゃないですか。変化球でストライクの入るピッチャーと入らないピッチャーがいますからね。
　そうすると、真っ直ぐで行かざるを得ない。それを「よし来た！」とばかりに気持ちよくウワーッと振られると、結果は別として、それだけでこいつはすごい選手だと思うんですよ。

二宮　まさしく「生きざま」を見せつけられるわけですね。何でもかんでも手を出すバッターと、狙い球を決めて、３三振したとしても１本は打ってやるというバッター。たまたま出たヒットと狙って打ったヒット。同じ4打数1安打でも、後者のほうに値打ちがあります。

平気で見送り三振をする、嫌なバッター

権藤　たとえ3つ三振をとったとしても、どの打席でも狙い球を決めて思い切り振ってくるバッターは嫌なんですよ。同じ3三振でも見送りだったり空振りだったり、振るんだか振らないいんだか分からない中途半端な感じで三振してみたりと、三振の形が決まらないバッターは楽です。

この球を打つと1つに決めていたら、3つもやられないだろうという三振。これが一番ダメなバッターですね。

二宮　なるほど、このバッターは危ないかどうかは、三振の形でも分かるということですね。打つボールを決めてバッターボックスに立つバッターは、狙い球が来なければ見逃しの三振もあるけれど、来ればフルスイングをしてくる。

権藤　ピッチャーからしたらそういうヤツが一番怖いんですよ。決め打ちされるのが一番嫌。

二宮　よく追い込まれると当てにくるバッターがいますが、むしろ平然と見送るバッターのほうが怖いと？

権藤　まさにそう。2ストライクとられてフォークボールを待っていたところへ、真っ直ぐが来ました。ストライク！　見送り三振にとられました。そのとき「失礼しました」という感じで、平気な顔をして帰っていくバッターなんて本当に嫌ですから。

　ピッチャーからしたら、迷ったあげくに「困ったなぁ……よし、真っ直ぐ行っちゃえ」と思って投げたら、見送り三振。

二宮　それを悔しがりもせず、プイと背を向けて引き揚げていくバッター、ますます不気味ですよね（笑）。

権藤　そうなったらこっちは、「あいつ、さてはフォークを待っていたか？」と考えますから、次の打席からフォークを投げづらくなる。そこまで読めるバッターだからこそ、ピッチャーは怖いんですよ。

ただ、そこでピッチングコーチとバッティングコーチの違いが出る。バッティングコーチは見送り三振を一番嫌がる。自分の責任になるから。

二宮　バッティングコーチに限らず、たとえば星野仙一さんはピッチャー出身の監督でしたが、見送り三振したバッターにはよく湯気を立てていました（笑）。ところが中日時代の落合（博満）さんは、見送り三振を喫しても、平気な顔でベンチに帰っていました。喜怒哀楽が一切、表情に出ない。

権藤　だから落合は怖いバッターだったんですよ。「失礼しました」とも言わんから、こっちは気持ち悪さだけが残る。

二宮　「こいつ、ひょっとしたらあれを狙っていたのか……」と思わせたほうが心理戦でも優位に立てると。ペナントレースは長丁場ですから。

根拠のある三振はOK

二宮　見逃し三振の話でフッと野村克也さんを思い出しました。権藤さんと野村さんの野球理論は全く違うように見えて、実は似ているところがあるな、とかねがね思っていたんです。

楽天の監督時代に野村さんが山崎武司に言ったのが、見送り三振でもかまわないという

ことでした。要するに、根拠を持って見送ったのなら4打席三振でもオレは怒らんよという

絶対これを投げてくるという根拠をもって待っていたら違う球が来た。その結果が見逃し三振だったということなら、それはいいと。そこを指摘されてから山崎は甦るわけです。

それまでは「なんで見逃し三振をするんだ」と怒られ続けてきた山崎に野村さんは、根拠さえあれば見逃し三振もかまわないし、100三振したっていい。ホームラン40本を打ってくれれば、それでいいと。

すなわち、権藤さんと野村さんは、根柢の部分では似通った野球観をお持ちだというのが私の考えです。

権藤　そういう話を聞くと、やっぱりノムさんは恐ろしい人だと思いますね。

野球の中心にいるのはピッチャーか、キャッチャーか

二宮　野村さんの話が出たので権藤さんにお聞きしますが、野村さん、横浜の監督時代の権藤さんをかなり挑発していましたよね。

権藤　そう、「権藤は無能監督」とかなんとか言われて、あんなものは何とも思っていませんけど（笑）。

二宮　野村さんは、気になる相手ほど挑発しますよね。「長嶋は考えて打席に立っていない」とか、「権藤は何も考えてない」とか言いながら、すごく気にしている。一方、能力のない指導者には無視を決め込む。ある意味、野村さんは分かりやすい人です。

権藤　だから、僕は言うんですよ。「何も考えてないですよ。やるのは選手ですから」と。「野球なんて来た球をどう打つか、振ってくるバッターをどうかわすかだけだから、それしか考えてないですよ」と。

あとはピッチャーがいくら一生懸命投げても多少は打たれますから、どうやって後ろ

で守ってもらうか。これはやっぱり大事だから、守ることに関しては、かなり神経を使いますけどね。

二宮　「誰が受けても、杉浦（忠）は38勝4敗だった」と野村さんはおっしゃっていました。ここに野村さんのコンプレックスの原点がある。「誰が受けても38勝」なら、要するにキャッチャーは「壁も同然」ということでしょう。低く見られていたキャッチャーの存在価値を上げるために、配球、ＩＤ野球といったキャッチャー目線の野球を世の中にアピールしていったんだと思います。

　つまり、キャッチャーがピッチャーを動かす、キャッチャーこそがチームの司令塔なんだと。キャッチャー中心の野球観を野村さんがつくったことが、古田（敦也）や城島（健司）、谷繁（元信）、最近では阿部慎之助に至るまで、キャッチャーの絶大な存在感につながっていったと思うんです。また彼らはバッティングもいいから、チームを背負うことができる。

権藤　分かるんですよ。ピッチャーは弱いですから、困るとキャッチャーのサインに頼りたいわけですよ。ところが、アメリカはそうじゃない。ピッチャーは自分の投げたい球を投げる。キャッチャーに服従するなんていうことはありえない。

二宮　マリナーズに行った城島が日本の感覚でピッチャーにサインを出して、反発をくらったことがあります。

権藤　日本のキャッチャーはバッターが嫌がることをやりたい。逆に、「俺の好きな球を投げさせてくれ」というのがアメリカのピッチャーですよね。城島が嫌われたのが、そこなんですよ。これでもかってインサイドばかり投げさせられて、オレはそんなところばかり続けて投げたくないよっていうピッチャーとぶつかる。それは分かるんですよ。

二宮　そこが日米の違いですよね。

権藤　キャッチャーが大変なのはもちろん分かるし、ピッチャーがキャッチャーに頼りたくなることもあります。

ただ、分かって欲しいのは、体を削って投げているのはピッチャーなんだということ。それを分かってくれるキャッチャーでいて欲しいというのが僕らの切なる思いですね。

野村さんとの共通項

二宮　話を戻すと、権藤さんと野村さんの考えが似ていると思ったのは、野村さんの「根拠ある見逃し三振はしたっていいんだ」に対し、権藤さんの「なんでもかんでも手を出すんじゃない」という思考。そこに共通のものを感じたからです。

「なんで見逃し三振をするんだ。チームの士気が落ちるじゃないか」という監督やコーチが多い中で、お二人の考えは全く違います。

権藤　それを聞いていたら、無能監督だって言われてもノムさんに、「そうですね」と、もっと素直に言ってあげたのに（笑）。

二宮　野村さんからすれば、ヤクルトに植え付けたＩＤ野球があれだけの結果を出し、もてはやされていた中で、権藤さんは野放しとは言いませんが、ご自身で「奔放野球」とおっしゃった、自主性重視の野球を志向して勝っていく。根本の野球観は一緒でも、方法論が違っていた。

権藤　だけどあの時代、ヤクルトのメンバーはすごいじゃないですか。守りはすごい、打線はすごい。もう羨ましいぐらいのものです。僕なんか、強いてやったのは、中継ぎをチョコチョコうまく使ったということぐらいで、後は佐々木に任すだけでしたから。

二宮　8回まで何とかリードを保てば、あとは大魔神の印籠をかざし、「この紋所が目に入らぬか」とやれば、相手はひれ伏すしかありませんでしたからね。

権藤　そう。誰がなんと言ってもうちには佐々木がいましたから、それはもう大きかった。だから神経を使ったのは、どうやって8回までリードを保ったまま佐々木につなぐかということ。途中でひっくり返されたら、紋所の出番がありませんから。

「見送り方」ですべてが分かる

二宮　話を戻しますが、ピッチャー目線から見た嫌なバッターというのは、単純に数字のいいバッターではない。そこをまず確認しておきたい。

権藤　その通りです。数字は後からついてくるもので、やはり毎年数字を残しているバッターはそれだけ確率が高いわけですから嫌は嫌ですけど、さっきも言ったようにいいバッターでも7割は失敗するわけですから、理論的にはピッチャーが打ち取る確率のほうが高い。

逆に、数字は大したことないのに、今日は打たれそうだとか、この打席は危ないと感じるバッターがいる。そうしたバッターを抑えないと勝てない。

二宮　確か前作、『継投論』で、バッターの見送り方を見れば、タイミングが合っているかどうかが分かるとおっしゃっていました。

権藤　そう、一番分かるのはバッターの見送り方です。

一番嫌なのは、スライダー、フォークといったストライクからボールになる変化球を投げたとき、ピクッとしたぐらいで平然と見逃されることです。

きちっとバックスイングに入り、振りにいっているように見えて、ボールが通過する瞬間に、パッと打つのをやめて「ケッ、こんなところに投げやって。ストライク投げてこいや」みたいな感じの見送り方。そういうのを見せられると、こりゃいかんと思いますね。

二宮　権藤さん風に言えば、反応しかかったところでピタッとバットが止まって、知らん顔して見送るバッターということですね。

権藤　そう、ボールが通過する瞬間にどんな反応をするかで分かります。
　同じ見逃しでも、ボール球に反応して途中まで打ちにいって止まるくらいだと、「あ、あれだったらストライク投げても、こいつは打てない。惜しかったな、ボール1つ与えんでもよかった」と思うけど、ピクッとしただけで見送り、あとは知らん顔となったら怖い。「あっ、これはストライク投げたらやられるぞ」となるわけです。

二宮　ボール球だから見送っただけで、ストライクだったらやられていたと。よく解説者が「このバッター、今日は合っていますね」と言いますが、彼らも放送席から何らかの気配を感じているんでしょうね。

権藤　まさにそうです。解説者は結果を見てそう言うだけですが、こっちは合っているか、合っていないかを確かめるために、1打席目、ストライクからボールになる変化球への反応をじーっと見ているわけです。

二宮　緩いカーブなんかだと分かりづらいですか。

権藤　手元でピュッと変化するボールのほうが、バッターが反応しやすいから、分かりやすいですね。反応してしまうバッターは大丈夫。反応しかかってピタッと止まるバッターはヤバいということです。

「フォアボールを恐れる」とやられる時代

二宮　ストライクゾーンから小さく、鋭く変化してボールゾーンに来る変化球は、振ってくれたら打ち取る確率が高い。

権藤　その通りです。ピッチャーにしてみれば、振ってくれたら「しめた！」という球じゃないですか。ところが、それを平然と見逃すバッターがいる。「あんないい球を投げたのに、振ってこないもんな」と、そう思ったら少なくとも今日の試合は危ないぞとなるわけです。

二宮　野球とは不思議なスポーツで、そういうバッターに限って「ここで打たれたらいかん」という勝負どころで出てきますよね。

権藤　そうなんですよ（笑）。不思議なもので、野球にはそういう巡り合わせみたいなものがあって、そこを乗り切るかどうかでその試合が決まることが多いですね。

二宮　たとえば7回まではピッチャーがピシッと抑えていたけど、8回、9回に一打逆転の場面を招いてしまった。そこで、今日の見逃し方は危ないぞというバッターを迎えたとします。

そういうときは「フォアボールを恐れるな」と『継投論』でもおっしゃっていましたが、真っ向勝負は危険ですね。

権藤　敬遠はしないまでも、ピッチャーにストライクが入らない球のサインを出したりしますね。覚えたてのフォークとかチェンジアップとか。

二宮　横浜の監督時代、開幕戦のベンチでピッチャー全員に「Kill or be Killed（やるか、やられるか）」と書いたボールを渡した権藤さんでも、「思い切り勝負してこい」とは言いませんか。

権藤　ピッチャーには、常にそういう気持ちでバッターに向かっていってほしいという思いはもちろんあります。ただ、そこで一発食らったらおしまいという場面で、その確率が高いとなったら話は別です。勝つことが最優先ですから。でも、そこで勝負したいのがピッチャーの性分。そこが難しいんですよ。

二宮　やっぱり「歩かせろ」とは言えないですか。

権藤　簡単には言えませんね。ピッチャーも戦っていますし、その気持ちは大事ですから、勝負を避けろとは言えない。でも、まともに勝負にいったらやられる可能性が高い。そこで、ボールにしかならない球をベンチから要求する。結果、歩かせてもいいということです。

そこでフォアボールを出しても、さっとマウンドに行って、「打たれるよりよかったじゃないか」と。でも、今だったらもうちょっとはっきり、「フォアボールでいいぞ」と言うかもしれませんけどね。

二宮　それは心境の変化、それとも時代の変化でしょうか。

権藤　２年前（２０１７年）にＷＢＣの投手コーチをやったじゃないですか。そこから変わりだしたんですよ。

向こうの連中は、何でもかんでも振ってくるじゃないですか。だから、ストライクにならないボールを投げさせても、たまたま打てるところに行ってしまうと危ない。最近は日本のバッターもだんだん彼らに近づいてきていますから、中途半端にいくと危ない。だったら「フォアボールで歩かせなさい」とはっきり言ったほうがいい。「たったベース1つなんだから、どうぞ、どうぞでいいじゃないか」と、今なら言うかもしれないですね。

二宮　日本の野球も近年は体がよじれるほど振ってくるバッターが増えてきて、メジャーリーグに近づいている感じがありますね、特にパ・リーグは。

権藤　フライボール革命のメジャーリーグが、とにかく打球を打ち上げろというパワー野球の方向になってくると、それを見た日本の選手たちは当然影響を受けます。そのうちセ・リーグもそうなりますよ。今でもその感じは若干出始めています。

三振も凡打も同じ1アウト

二宮　ご存じの方も多いと思いますが、ここで「フライボール革命」とは何かを簡単に説明しておきます。

　フライボール革命というのは、2015年から選手とボールの動きを数値化する動作解析システム「スタットキャスト」がメジャーリーグに導入されたことにより、ゴロの打球よりフライを打ち上げた打球のほうがヒットやホームランになる確率が高いと導き出された理論です。

　それ以降、「ゴロはいらん、フライを打とう」という考えが、ここ5年くらいメジャーリーグを席巻した結果、メジャーリーグのホームラン数と三振数は激増しました。具体的には、速度98マイル（約158キロ）以上の打球が、26～30度の角度で飛び出したときがヒットになる確率が最も高くなる。このデータが「フライを狙ったほうがヒットになりやすい」ことを示しているわけです。

　このフライボール革命の影響が日本にも及んできていると、権藤さんはおっしゃるわけですね。埼玉西武の野球などは、確かにその予兆ですね。

権藤　昔の高校野球などは、「フライを上げるな。転がせ、転がせ」と言っていましたよね。グラウンド状態が悪くて技術が乏しかった時代は転がせと言っていればよかった。

ただ今の人工芝で転がしてもね。

二宮　今は転がすリスクのほうが高いですよね。

権藤　アウトを2つ取られることもありますし。

二宮　ただ、バッターがフライを打とうとアッパー気味に思い切り振ってくると一発の危険性は増しますが、三振のリスクも増えます。もともと日本では、「フォアボールを出すな」と同じくらい「三振をするな」という考えが支配的でしたが、そのへんも変わってくるんでしょうね。

権藤　変わってこなきゃおかしいでしょうね。ピッチャーがフォアボールを出すのが恥ずかしくないというなら、バッターは三振しても恥ずかしくないということですから。

三振でも「見逃しの三振はいかん」というのが日本ですが、思い切り振っての三振も見逃しの三振も三振は三振。さっきも言ったように、見逃しの三振をされるほうが怖い場合もありますから。

さらに日本では、「三振はいかん。とにかくバットに当てなさい」なんていう発想もありますが、凡打も三振も同じアウト1つでしょう。三振はアウト2つなんてことはないんだから、別に恥ずかしくなんかないですよ。アウトに変わりはないんですから。

ファウルが多いバッターは危ない

二宮　「見逃し方で分かる」という話をもう少し聞かせてください。

バットを振らなくても見逃し方でバッターの調子が分かるという話を聞いて、剣豪小説で読んだ話を思い出しました。刀を抜くか抜かないかではなく、抜き方で腕前が分かるという話を。

剣に手をかけ、グッと腰が入っただけで、強い人は分かると。抜かなくても「あっ、今抜かれていたら切られていた」と分かる。先に抜くのは二流だと。

権藤　そうです。見送り方で完全に分かりますから、僕が見ているのはそこだけです。パッと構えてボールを見送ったときに合っているバッターは危ない。もう一つ言えば、ファウルの多いバッターも危ない。

二宮　ファウルの多いバッターも危ないですか？

権藤　合っているバッター、調子のいいバッターは、いいところに投げたボールを打つとファウルになるんですよ。タイミングの合っていないバッター、調子の悪いバッターはボールが前に飛んで、たいてい凡打に終わります。

二宮　それは面白いですね。ボールが前に飛ばないのは一見、調子の悪いバッターのように映りますが、逆に怖いと。

権藤　調子の悪いバッターは、バットを振ったらファウルにならずに前、それもフェアゾーンに飛んでいくんですよ。逆に調子のいいバッターはファウル、ファウルと続いて、最後に来た甘い球をガツンと捕まえる。そうでなければ、フォアボールです。

二宮　バッターがファウルを打つと、解説者はよく「打ち損じましたね」と言います。甘いボールをファウルした場合はそうかもしれませんが、きちんとコースに行った球をファウルゾーンに打ったバッターは要注意だということですね。

権藤　そう、あくまでもピッチャーがいいところに投げたボールがファウルになるかどうか。調子のいいバッターと悪いバッターのパターンはこれだけです。僕はこれで分かります。

調子のいいバッターは、ピッチャーがいいコースに投げてもファウル。それでボール、ファウル、ファウル、ボール、ファウルと続いたら、もう投げる球がないじゃないですか。ここでやられちゃいかんという場面なら、ストライクの入らないボールを最後に投げさせるんですよ。もうフォアボールでいいと。

左のファウル打ちは要注意

二宮　なるほど、ファウルが多いのは調子がいい証拠、ファウルはバッターの調子のバロメーターになると。ファウルを打ち損じと考えるのは危険だということですね。

権藤　3割バッターでも調子が悪いと、ファウルにならずに、前に凡打が飛んでいきます。逆に2割5分のバッターでも調子が良ければファウル、ファウル、ファウルです。ただやっぱりファウル打ちは、いいバッター、それも左バッターに多いですね。

左バッターで3塁側にしつこくファウルを飛ばすのがいますね。今なら中日の大島洋平、昔なら横浜にいた石井琢朗、巨人の篠塚和典とか。「もういい加減にせえよ、お前」

というぐらい、投げても投げても反対方向へファウルを打つ。

二宮　みんな左の一流打者ですね。甘いボールが来るのを待つために、厳しいボールをわざとファウルで逃げているということはありますか。

権藤　わざとファウルにするなんて、簡単にできるもんじゃないです。みんな一生懸命打っているんですけど、結果としてそれがファウルになる。

バッターからすればヒットを打ってやろうと振ってファウルになるわけですから、それも打ち損じのうちでしょうが、ボールはいいところに来ているわけです。だから、甘い球の打ち損じではないわけですよ。

ただ、同じ打ち損じでも、バットにかすってファウルになればまだチャンスが残りますが、前に飛んでしまったら凡打じゃないですか。調子のいいバッターはファウルが多いというのはそういうことです。

そのとき左バッターが得なのは、当て逃げ気味に打てるということです。体を1塁側に逃がしながら打ってそのまま1塁に走れるけど、右バッターはそういうわけにいきません。
だから右でもしつこくファウルを打つバッターはたまにいますけど、ファウル打ちでいい右バッターはあまりない。ファウル、ファウルと粘るバッターでも、割合仕留めることができますね。

ミーティングは当てにならない

二宮 シュートピッチャーは、レフト線ギリギリにファウルを打たれても、あれはもう計算通りだからと、よく言います。同じファウルでも怖いファウルと、怖くないファウルがありますか。

権藤 本当は前に飛ばさなければいけないインコースのボールを、詰まって打ったファウルとか、外のボールを先っぽに当てたファウルはあまり怖くはない。いずれ前に飛んで、たまにヒットになることはありますけど、まあ仕留める可能性が高いですね。
一番嫌なのは、もういい加減前に飛ばしてくれっていうぐらいファウルを打つバッターです。そういうバッターはタイミングが合っているわけですよ。だから、ちょっとボールが甘くなって前に飛んだらヒットの可能性が高くなる。長距離打者ならヒットで済めば御の字です。

ボール、ファウル、ボール、ファウル……と粘られると1球1球神経を使いますから、ピッチャーもベンチも消耗します。それなら早めにヒットを打たれてしまったほうが楽です。ファウルで粘られた挙句のヒットは特にこたえます。

二宮　見逃し方、あるいはファウルで調子が分かるというお話ですが、それが、あのバッターは当たっているとか、当たっていないといった事前のデータと違っている場合もあるでしょう。

権藤　もう、しょっちゅうあります。だから、試合前のミーティングは当てにならない。すべては試合が始まってみないと分からないということです。

二宮　きのうまで当たっていたバッターが、今日はさっぱりということもよくありますからね。

権藤　当たっていると言っても、バッターなんて7割は失敗するわけですから、そもそもデータなんて当てにならんのです。

ただ、長年の経験から言うと、当たっているバッターでもいい当たりが野手の正面を突き始めると、それが調子が落ちていくサインだと理解していいと思います。

逆に調子が悪かったバッターでも、フラフラのポテンヒット、あるいはボテボテのゴロが野手の間を抜けていったりすれば、そこから調子を取り戻すことがよくありますね。

データほど当てにならないものはない

二宮　今はどこの球団でもピッチャーとバッターの対戦データを詳細にチェックし、得意なボールや苦手なボールを頭に入れてバッテリーは試合に臨んでいます。コールドゾーンとホットゾーンの区分けは、より綿密になっています。
どれくらいデータを重視するかは監督やコーチ、選手によって違いはあるにしても、全部頭に入れようとしたら頭がパンクするくらいの情報量の中で戦っているのが今のプロ野球だと思います。

そこで伺いたいのですが、ＩＤ野球がもてはやされたのは、野村さんがヤクルトを率いた１９９０年代でした。しかし、98年に横浜の監督に就任された権藤さんは、「ＩＤ野球なんてクソくらえ」と言い放ち、優勝を果たしました。

背景には、97年にリーグ優勝、そして日本一に輝いたヤクルト、そしてその年ヤクルトに次ぐリーグ２位に終わった横浜の選手に対するメッセージもあったと思います。「グラウンド上で詰め将棋など見たくもないでしょう」という権藤さんの挑発的な発言に対し、「（権藤野球は）勝手無礼な行儀の悪い野球」と野村さんが言い返すなど、マスコミも巻き込んでの舌戦は、部外者からすれば、プロ野球ならではの場外戦の面白さがありました。

それはともかく、実際のところ権藤さんはデータというものをどのように捉えていたのか。感性の裏付けとして利用していたのか……。

権藤　ピッチングコーチの立場から率直に言えば、データほど当てにならないものはないということです。

もちろん、ピッチャーでもバッターでもデータ通りということもあります。しかし、それはレベルの低い相手です。相手がデータ通り打ってくる、データ通り投げてくると思っていたら甘い。それではプロでメシを食っていくことはできんということです。

二宮　そうは言っても試合前、一応データに目を通されるのでしょう?

権藤　まあ見ないこともないですけど、「ふーん、そうなんだ」ぐらいで、当てにはしませんね。

試合前のフリーバッティングをじーっと見ているコーチもいますけど、あれも全く当てにならない。相手バッターがみんな気持ちよくバカスカ打っているのを見るわけですから、真に受けたら恐くなってしまうだけです。

でも、実際の試合では、そんな気持ちのいいスイングをさせないように投げるのがピッチャーの仕事なわけですから、フリーバッティングのように打てるはずがない。

それよりも、真剣に見るのはやっぱり試合が始まってからですよね。もう1打席目なんかは目を皿のようにしてバッターを観察します。

二宮　タイミングが合っている、合っていないがそこで分かると。

ところで、権藤さんのように、ピッチングコーチとして相手バッターの観察に時間を割いている担当コーチはどれくらいいるものなんでしょう。それよりもピッチャーのボールが走っているかとか、腕が振れているかとか、そちらのほうを重視している人が多いような気がします。

権藤　バッターがピッチャーにどう反応するかをじーっと見ているピッチングコーチはほとんどいないでしょうね。

僕の場合、ピッチャーの調子ウンヌンはもちろん気にはなりますが、それは毎日見ているわけだから、ちょっと見ればだいたい分かるじゃないですか。それよりも相手バッターです。ピッチャーの調子がどうであろうと、バッターに打たれなければいいわけですから。

第二章

打者が嫌がるピッチャーの絶妙の「間」

――速いだけでは抑えられない

大谷翔平が打たれなくなった本当の理由

二宮　ピッチャーから見て嫌なバッターの話を伺ってきましたが、次はバッターから見て嫌なピッチャー、つまりは打ちにくいピッチャーの話をお聞きします。

バッターから見て嫌なピッチャー、つまりはいいピッチャーですが、それをひと言で言い表すのは難しい。ボールが速いとか変化球がキレるといったこと以前に、ボールを長く持てるとか独特の間があるといった具合に、なかなか数値に表すことが難しいからです。

しかし、プロのスカウトが球団に報告するときは、スピードが何キロだとか、身長が何センチだとか、数値を根拠にしなくてはならない。つまり、主観よりも客観が優先される時代において、だいたいどこの球団も上位には同じような顔ぶれが並ぶようになってきた。

権藤　スカウトが目をつけるピッチャーというのは、みんなアマチュア時代はバッターをよく抑えているわけじゃないですか。ただ、それがプロのバッターに通用するかしないかは僕にも分からない。

大谷翔平が高校時代から160キロを投げていたと言ったって、高校生にホームランを打たれているわけでしょう。日本ハムに入ってからもしばらくは、160キロのボールで結構ホームランを打たれていたわけですよ。

それが何だかんだやっていくうちに、真っ直ぐで空振りが取れるようになってきた。それは変化球を使えるようになってきて、160キロの真っ直ぐが生きてきたということもありますけれど、僕は根本的な理由は違うと思っています。

たとえ変化球を交えた中での160キロの真っ直ぐであろうとも、プロのバッターは真っ直ぐにはついていくんです。だけど大谷は1、2年の間にちょっとした「間」というか、バッターのタイミングをちょっと外すような間の取り方を覚えた。だからバッターがタイミングを取れなくなってきたと思っているんです。

二宮　なるほど。真っ直ぐと変化球のコンビネーションとかそういうことではなく、バッターがタイミングを取りづらい間を覚えたことで、大谷は打たれなくなったと。

権藤　そう、独自の間を覚えたことで真っ直ぐで空振りを取れるようになった。そうなったら今度はあの速い真っ直ぐがバッターは邪魔になって、余計に変化球が生きてくるわけですよ。
　すべてはそこなんですね。これだけはもう教えられない。ピッチャーの間というのは、こうすればピッチングに間が入るというやり方があれば教えるんですけど、こいつばかりは自分で習得するしかないんです。

ボールが速いだけでは打たれるのがプロ野球

二宮　今、権藤さんがおっしゃった、160キロを超える大谷の真っ直ぐでも最初の頃は打たれていたというお話。読者の皆さんにとても分かりやすい例だと思いますので、もう少し掘り下げてみたいと思います。
「バッターが嫌がるピッチャー」というと、「答えは簡単。球の速いピッチャー、それから変化球のキレのいいピッチャー」と答える人が少なくない。「同じスピードならボールの回転数が多いほうが伸びがあって嫌でしょう」などと言う野球ファンの方もいるかもしれません。

しかし実際には、150キロ台の真っ直ぐをもっているのに一軍に定着できないピッチャーもいますし、スピードは130キロ～140キロ台なのに毎年のように2ケタ勝利を上げるピッチャーもいます。

同じ150キロのスピードボールでも148キロの後に投じたものと、120キロ台のカーブの後に投じたものとではバッターの〝体感スピード〟は全然違ってきます。ピッチャー視点ではなく、バッター視点で〝打ちにくいボール〟を考える必要がある。

権藤　まず、そうしたことがすべて「打ちにくさ」につながる要素であることは否定しません。ボールが速くて強いのも、変化球がキレるのも打ちにくい。それはその通りですと。ただし、ピッチングコーチの視点から言えば、さっき言ったように、160キロの真っ直ぐであっても、ボールが速いだけではプロの一流のバッターには打たれるということです。

変化球の場合も、曲がりがいい、落ちがいいから打ちにくいということはありますが、慣れてくれば、プロのバッターはある程度対処してくるものです。もちろん速いとか曲がるとか、それはすごく大事な要素なんですが、現場の感覚で言うと、それだけで抑えられるほどプロは甘くない。

つまり、プロのバッターは単純な速さや変化への対応はある程度できる。彼らを封じるには、それ以上に対応が難しい要素のボールが必要だということです。

「タイミングが合わない」の正体

二宮　それは権藤さんが「嫌なバッター」のところでおっしゃった「合うか、合わないか」ということに関わってくるものでしょうか。

権藤　そうですね。ピッチングコーチがピッチャーに望むことは、少しでも速い球を投げてくれとか、もっとキレのいい変化球を投げてくれということではなく、とにかくバッターを抑えてくれということ。これしかないわけです。

そこで、速いとかキレだけでは抑えられないとしたら何が必要か。一流のバッターをよく抑えるピッチャーは何かをもっているということです。

二宮　速い球を投げたから年俸が上がるなんてことはない。バッターを抑えて試合に勝って、初めて年俸が上がるわけですからね。

権藤　簡単に言えば、どんなに遅いボールでもタイミングが合わなければバッターは打てない。逆にどんなに速いボールでも、タイミングさえ合えば打たれるわけですよ。で、「おっ、合わないな」とバッターが感じるのは、目の錯覚が起きるからなんですけど、どう投げたらそれが起きるかは、ピッチャーがいろいろやっているうちに、「あっ、これだ」と自分で発見するしかないんです。

二宮　18・44メートルの中で、150キロのボールは、約0・4秒でホームベースを通過します。

権藤　そう。「ボールをよく見て振りなさい」なんて言い方がありますが、ある意味、プロのバッターはボールなんか見てないですから。

ピッチャーが腕を振ってボールが出てくる。そのとき、バッターはボールを見てタイミングを計るわけではない。じゃあ何を見るかと言えば、腕の振りを見てタイミングを合わせにいくわけです。

だから、腕を振ったタイミングでボールが出てくると思ってタイミングを計ったら、ボールが出てこない。そうなるとタイミングを合わせるのが難しくなります。「来た！」と思って振りにいくと、まだボールがまだ来ていない。「あれっ？」と思っているうちにボールが来たら、無様に空振りするしかありません。

要するに、バッターが腕の振りでタイミングを取ってスイングする、そのタイミングが合うか合わないかということ。一流半の投手か一流、超一流投手になるかの分かれ目はそこなんです。

二宮　まさに100分の1秒の世界ですね。

球種の見極めができないピッチャー

権藤　「合わない」というのは、バッターがボールが出てくると思ったタイミングより、実際にボールが出てくるまでがほんのちょっとズレる。この目の錯覚が一つ。もう一つは、真っ直ぐと変化球の腕の振りが同じなため、球種を見間違うというか、判断がつかないということもあります。これも目の錯覚の一種ですよね。

ヤクルトの石川（雅規）なんかは128キロぐらいの真っ直ぐなのに、みんな空振りしますもんね。あれも変化球があるからというより、腕の振りを見ても変化球と真っ直ぐの違いが分からないからですよね。

二宮　オリックス時代の星野伸之もそうでした。130キロに届かない真っ直ぐと90キロぐらいのスローカーブで抑えていた。

権藤　星野の場合は、カーブのイメージがありますが、実はカーブよりもフォークが厄介でした。真っ直ぐは127、128キロぐらいですけど、フォークと真っ直ぐの見分けがつかんのです。

二宮　なるほど。真っ直ぐと同じ腕の振り、同じ軌道でフォークがくる。真っ直ぐかフォークかを見極めてバットを振ることは困難ですからね。

権藤　佐々木もそうです。いいときは150キロの真っ直ぐと140キロのフォークでしたけど、どっちが来るか分からない。真っすぐのつもりで振ったらフォーク、フォークのつもりで振ったら真っ直ぐということですから、バッターは真っ直ぐだけとかフォークだけを待って打つことができないんです。

普通のフォークは無回転でいって落ちるわけですが、佐々木のフォークは回転するので、ボールの回転でも見分けがつきませんでした。

二宮　野茂英雄のフォークも回転がかかっていたと言いますね。だからストレートと見分けがつかなかった。

権藤　僕が監督の頃の佐々木はそういうピッチャーでしたから、ほとんど打たれる心配がなかったんですが、ヒザを傷めてマリナーズから戻ってきてからは、真っ直ぐとフォークの見分けがつくようになったんです。

周りから見ていてもよく分からないんですが、バッターには分かるんですよ、フォークボールが。いいときの佐々木は真っ直ぐだと思って振ったボールがストンと落ちて「ああ今のはフォークだったのか」と、あとになって気づいた。ところが晩年は、バッターが途中で「あっ、フォークボールだ」と分かるようになってきた。

二宮　原因は何なのでしょう？

権藤　メジャーから帰ってきて多少スピードは落ちていましたが、それが原因かどうかはよく分からないですね。

藤川球児（阪神）のいいときもそうでしたよね。147、148キロぐらいの真っ直ぐと140キロぐらいのフォークしかないのに、フォークにかすりもしなかった。それが近年はフォークも当てられるようになり、全然役に立たなかった。ところが、今年（19年）はちょっと良くなったんですよ。

それは、全盛期とまではいかなくても、ある程度真っ直ぐで空振りが取れるようになったからです。真っ直ぐで空振りは取れない、カウントも稼げないとなったら、真っ直ぐ、フォーク、真っ直ぐ、フォークと一生懸命投げても、以前は3、4球で仕留めていたのが、7、8球投げなきゃいけなくなりますよね。

抑えの球種は2つでいい

二宮　佐々木も藤川もそうですけど、抑えの場合、、球種は3つも4つもいらないんでしょうね。1イニングだけなら真っ直ぐとフォークの2つあれば十分でしょう。

権藤　そう、アメリカではみんなそう言っています。先発は3つ、中継ぎ・抑えは2つでいいと。

二宮　ヤンキースのマリアーノ・リベラにしても、基本は真っ直ぐとカットボールでした。

権藤　歴代の抑えで成功した人はだいたい2つですね。

二宮　先発はどうなんでしょうか。最近は5、6種類が当たり前になってきましたね。

権藤　数としてはそうですが、基本となる球種は3つ。その3つを球速を変えて使うから5種類、6種類になるという考えでいいと思いますね。

でも、最近の先発投手は速い真っ直ぐにチェンジアップ、それからスライダーあり、カーブあり、フォークボール、さらにツーシームなんていう感じで、ちょっと多すぎますね。たとえば真っ直ぐとスライダーがあったら、あと覚えるんだったらフォーク系の落ちる球があれば十分。やっぱり落ちる球は効きますから、1つは必要です。

二宮　上原浩治がレッドソックスで抑えをやっていたとき、真っ直ぐとフォークしか投げなかったですからね。日本ではスライダーも良かったですけど、投げなかった。先発で言えば、ヤンキースの田中将大は基本は真っ直ぐとスライダーとフォーク（スプリット）の3つですからね。一方、ダルビッシュはいったい何種類あるのかというぐらい豊富な球種をもっています。彼は変化球コレクターですね。

権藤　彼は身体能力が優れすぎているんですよ。だから、いろいろ投げられるけど、ここというときの決め球がない。相当な努力もしているし頭もいいけど、ちょっとそのへんが弱いです。

二宮　全部のボールがハイレベルなのは間違いないですけどね。

コーチもスカウトも分からない投手の「タメ」

権藤　江夏豊でも真っ直ぐとカーブの2つだったでしょう。しかも、これでもかって真っ直ぐで押してきましたもんね。

あの間合いと迫力のせいで、真っ直ぐと分かっていても1、2の3でバットが出なくなってしまうんですよ。

二宮　確かに、江夏さんは素人目にも独特の間合いを感じました。先発のときはともかく、晩年、クローザーになってからはすべての武器を総動員していましたね。間合いも、その一つでした。

権藤　間合いばかりは、ピッチャーを見ただけで分かる人がいたら高給で雇いたいぐらいです。我々プロのコーチやスカウトにも分からない。

二宮　「155キロ出ます」というレポートは来ても、「すごく間がいいです」なんていうレポートは却下されるでしょうね。素人の球団社長でも分かるような書き方にしろ、と。

権藤　ビデオを見ただけでは、そこは分からないんですよ。

最近、巨人の中川（皓太）がサイドスローにしたら、バッター連中が「ボールの出所が分からなくなった」と言っているらしい。

出所が分からんと言ったって、背中から突然ボールが出てくるわけじゃない。腕を振って投げるんだからボールが出てくるところはだいたい決まっているわけじゃないですか。でもちょっと合わないピッチャー、タイミングがとりづらいピッチャーに対しては、それぐらい話に尾ヒレがつくんです。

二宮　サイドにして腕を振る角度が変わったことで、リリースポイントが見づらくなったんでしょうか。でも、ほんの1センチ、ボールの出る場所が変わっただけで、バッターは対応に苦慮するんでしょうね。

権藤　ちょっと肘を下げたために、たぶん微妙なタメが良くなった。一瞬のタメをつくれるようになったんじゃないでしょうか。

二宮　タメですか。合わないというのは、そういうタメができることによってスイングのタイミングがズレるということなんでしょうね。

巨人の元クローザーの角盈男さんがオーバースローからサイド気味に変わっただけで、バッターは「5キロ速くなった」と言っていました。実際には変わらないのに……。要するに、〝体感スピード〟が変わった、ということなんでしょう。

ブルペンは当てにならない

権藤　プロになってから間が良くなって活躍するピッチャーもいるし、逆に高校生のときにすごいボールを投げるように見えたピッチャーが、プロではバカスカ打たれて通用しないこともあります。

つまりボールの速さ以上に、バッターが合わせづらい間があるかどうかという問題が大きいんですが、そこを見極めるのが一番難しい。いろんなピッチャーを見てきたベテランスカウトでもピッチングコーチでも、プロで通用するかどうか分からないというのはそこです。

二宮　よく「実戦タイプ」という言い方をします。ブルペンでは素晴らしいボールを放るのに、バッターボックスに人が立つと、急にヨソ行きのピッチングになってしまう。「ぶつけるのが恐い」というピッチャーもいます。本当の意味でのコントロールがないから、自分に自信をもてないのでしょう。

　昔、大学ラグビーでは、相手のジャージを人形に着せてタックルの練習を行っていた。練習では素晴らしいタックルを決めるのに試合ではうまくいかない。監督に聞くと「あいつは人に弱い」と……。

権藤　実戦になると相手は生き物ですからね。バッターが立っていないときはすごくいいというピッチャーはいっぱいいますよ。

二宮　基本的にバッターが打席に立たないとゲームは成り立たないわけですからね。ブルペンは自分のピッチングをつくり上げたり調整の場には必要なんでしょうけど、そこでの調子をコーチは当てにしてはいけないんですね。

権藤　そう、ブルペンは当てにならないですよ。

　今、ブルペンの話が出たので蒸し返しますが、相変わらず日本は試合中にくだらんことをやるじゃないですか。ブルペンで2回肩をつくらせるとか。

　先発投手がまだビシビシ投げている3回くらいになると、とりあえず1回つくって肩の調子を見るって言うんだけど、そんなのはコーチの言い訳に過ぎない。リリーフはそれからちょっと休んで登板前にもう1回肩をつくって出ていくわけですが、本当は肩をつくるのは1回でいいんですよ。ピッチャー本人が2回投げたいかと言ったら、投げたいヤツは誰もいないはずです。それでも1度肩をつくるという悪しき慣習をいまだにやっている。あれは全く意味がありません。

二宮　それも権藤さんの持論ですね。ブルペンで肩を2回つくるのは、ピッチャーの肩を消耗させ、体を疲れさせるだけだからやめるべきだと。にもかかわらず、なぜ悪習を続けるのか。2回肩をつくらせる根拠は何なのでしょう?

権藤　ないですよ。ただ、ピッチャーも〝田舎のプレスリー〟みたいなもんで、何も分からずに言われた通りにやりますから。投げたくないと思っても、「投げたくないです」とは言えないしね。

どこの球団とは言いませんが、もう何年も抑えをやって実績十分なピッチャーが、コーチからやっぱり2回肩をつくらされると言っていたので、「やめればいいじゃないか」と言ったことがあります。前の日に最後の9イニングを十何球で仕留めてきたピッチャーが翌日、2回も肩をつくったらへばりますよ。

遅いテンポで抑えたのは江夏ぐらいしかいない

二宮　ちょっと視点を変えて、投球テンポについてお聞きします。

いつか権藤さんが上原浩治を引き合いに出して投球テンポについて書かれていました。上原はテンポが速くてリズムがいい。それがメジャーリーグでクローザーとして成功した一番の条件だと。

権藤　そう、好投手の条件の一つは、投球テンポが速いということです。いいピッチャーでグズグズしていたのは江夏ぐらいですから。

二宮　晩年の江夏さんは、失ったスピードをカバーするため、マウンドから徹底してバッターの動きを観察していましたね。ジーッとボールを腰の後ろで握ったままサイン交換をして、おもむろに投球動作に入っていく。まるで〝名人劇場〟でした。

権藤　あれはあれで彼のテンポなんですよ。江夏はあのゆっくりしたテンポに耐えられる。あのテンポで抑えるピッチャーはめったにいませんから、やっぱりすごいピッチャーですよ。

二宮　テンポの話とは違いますが、上原がテレビで、ピッチャーは球持ちが良くないといけないという通説を否定していました。これは新鮮でした。ボールを長く持つことこそが好投手の条件。野球の記事を書くにあたり、私たちが真っ先に教わったことです。

権藤　だから、それも結局は計れないものなんですよ。あるピッチャーの球持ちが突然良くなってバッターが合わなくなることはありますが、それも球持ちを良くしてやろうと思ってできるものではない。ちょっとしたことで、本人も気づかないうちにそうなっていたというのが真相でしょう。

立ち上がりの悪いピッチャーも同じで、何試合投げても立ち上がりの悪いピッチャーはやっぱり悪いまま。こればかりは良くならないですからね。

二宮　ピッチングコーチのプロ中のプロの権藤さんに「立ち上がりの悪いピッチャーは直らない」と言われたら、もうお手上げですね。

「80％の全力」で行け

権藤　マウンドには生きざまや性格も反映されている。一人ひとり投げ方も違いますし、なぜスピードもないのに打たれにくいのかというのは、正確には計れないというのが本音ですね。

二宮　素人考えですが、バッターからしてタイミングが合いづらいピッチャーというのは、１００％の力投型というより、ちょっと余裕があるというか、楽に投げているような印象があります。だからこそタメや間ができるのではないか……。

権藤　１００％の全力で投げたらコントロールはつかないし、ピッチングの間も生まれてこない。だから本当は「１００％でガンガン行くなよ」って言いたいところなんですけど、言ってもなかなかできないですから。

「80％で行きなさい」と言っても、昔の僕みたいに年に４００イニングも投げるんなら自然にそうならざるをえませんが、中５日も６日も休んでマウンドに上がったら力が余っていますから、そんなことはできないんですよ。

俺の時はこうやって投げたんだと言ったって、そんなものは誰も聞かないし、僕だって1週間に1回しか投げなかったら、そんな気にはなれなかったと思います。

100%で投げるというのは力んで投げるということなんですよ。それは故障にもつながりますし、1、2の3でバッターもタイミングがとりやすくなる。かといって「力むな」と思えば思うほど力んでしまうのも人間の不思議なところで、80%の力で行くというのは本当に難しい。

僕が思うに、80%の力で行くというのは、力を加減するということともまた違うんです。全力なんだけど力まずに力が抜けているという状態、「全力の一歩手前の全力」と僕は言っているんですが、1年を通じてこれができると故障もしないし、結果もついてくる。

でもまあ、難しいですよ。僕のように、幸か不幸か投げすぎたことで80%の感覚に行き着いたというのは、本来あるべき姿ではないですから。

思ったところへ投げられる投手はほとんどいない

二宮 解説者の中には「バッター、ここを待ってますよ」という人もいます。配球やこれまでの傾向、あるいは打席でのバッターの動きで分かるのでしょうか。

権藤 そんなことを言う、ええかっこしいの評論家やピッチャーがいるかもしれませんが、そんなピッチャーは稲尾さんたちの時代ぐらいまではいましたが、今はいません。そういう時代ではなくなりましたから。

狙いを決めて待つというのはいいバッターの条件ですが、バッターがどこを狙っているかなんてことをいつも考えていたら、ピッチャーは自分のピッチングができなくなります。

そんなことを考えるより、思ったところへきちんと投げることに集中したほうがいい。それができれば、ピッチャーはだいたい勝てますから。

二宮 余計なところに神経を使って自分のピッチングを見失うな、ということですね。

権藤　よく、「思ったところへきっちり投げる」と言いますが、プロ野球と言えども、そんな高度なことのできるピッチャーは、ひと握りなんです。

　プレートからホームベースまでは18・44メートルですか。野球ファンは、そんな先の目標物に向かってプロ野球のピッチャーは正確にコントロールできるんだと思っているかもしれませんが、そんなことは普通のピッチャーはできやしません。

　アバウトにこの辺りというコントロールはあるとしても、きっちりホームベースをかすめるようなところへ投げ込むことはそうはできない。「思ったところへ投げる」というのはそういうことですから、それはまずできないんです。

　もちろん、コントロールがいいと言われるピッチャーは、かなりの精度で思ったところへ投げられますよ。でもそんな人は何人もいません。普通のピッチャーは、ストライクゾーンを上下左右に4分割して、上か下か、右か左かをきっちりコントロールできたら優秀なほう。上下か、左右かの2分割ぐらいのコントロールしかないピッチャーもたくさんいますから。

二宮　キャッチャーのサインと反対のコースにボールが行くと、「今のは逆球でしたね」

と解説者が言ったりしますが、そうすると、逆球なんていうのは珍しくはないと？

権藤　四六時中ありますよ。左右の逆球だけでなく、低めに投げたつもりが高めに抜けていくなんていうのもよくありますよ。

だから、ここはボールでもいいということなら4分割でいけますが、フルカウントからの勝負球とか、ボールが先行してストライクを投げなきゃいけないカウントになったら2分割になってしまう。

二宮　なるほど。メジャーリーグから黒田博樹が広島に戻ったとき、よく後輩のピッチャーたちに「ストライクゾーンの四隅を狙うな」と言っていましたね。ぎりぎりのコースを狙うと、ピッチングが苦しくなると。

権藤　その通りです。ピッチャーによっては、投げ損ないばかりの試合も実際にあります。プロの一軍ピッチャーといえどもそれぐらいのもので、逆に言えば、あまり細かいコントロールを気にしていたら勝負にならない。

バッティングにもある間とタメ

二宮　一流のピッチャーはバッターがタイミングを合わせにくい独得の間やタメをもっている。逆に言えば、一流のバッターには、どんなボールにも対応できる間やタメがあるということでしょうか。

権藤　それは言えますね。体勢を崩されてもボールに対応できるのは、バッティングフォームにタメ、余裕があるからだと思います。長嶋さんなんかは、崩されても打てる練習をしていましたね。

シートバッティングのときに思い切り投げるピッチャーでも、長嶋さん相手だと打ちやすいところに投げようとするじゃないですか。そうすると「そこはいつでも打てる！」と言って、もっと内側、もっと外に投げろとか、もっと上や下にも投げてこい、みたいなことをやっていました。

とんでもないクソボールの高い球でも低い球でも打ったりするのが長嶋さん。要するにバッティングというのは、基本の構え、いい体勢をつくっておけば、どんな球にでも対応できるっていう練習だったんじゃないでしょうか。

二宮　佐々木信也さんに聞いた話ですが、佐々木さんが宮崎キャンプに取材に行ったとき、長嶋さんが練習でバッティングピッチャーにとんでもないクソボールのカーブを投げさせていた。なぜそんな練習をするんだと聞いたら、金田（正一）さんのスローカーブを打つためだと。

2階から落ちてくるようなカーブを投げさせ、それを大根切りで打っていたらしいんですが、やはり天才は違う、と佐々木さんは絶句したそうです。

権藤　長嶋さんらしい発想ですね。そこはいつでも打てるから、打てないボールを投げろってことでしょう。

二宮　長嶋さんにストライクゾーンはなかったという話ですね。要するに打てるコースは、長嶋さんの解釈では、すべてストライクだったと。

権藤　僕もよく打たれましたが、アウトコースに泳いでアゴがもう上を向いてしまっているのに、最後の右手一本でライトに運ぶようなバッティングは、そういう練習の賜物だったんでしょうね。

あちこち投げさせて、どんなコースのボールでも対応できるっていうのは、やっぱりトップの位置が決まって、バックスイングがしっかりしているから、体勢が崩れても反応できるということですよね。

もうバットが振れないところまで体勢が崩れてしまっていてはもうどうしようもない。ところが、いいバッターは最後まで粘ってボールに対応できる。平たく言えば、バットコントロールができる形をぎりぎり最後まで残していたということでしょう。

二宮　長嶋さんは体勢を崩されながら、左手一本で三遊間にゴロを転がした。普通のゴロに見えるのに三遊間を抜けていくのは、打球にスピンがかかっていたからだと、当時の何人かの内野手から聞きました。左手でスピンをかける練習をしていたんでしょうね。文字通り〝嫌なバッター〟です。

権藤　シートバッティングやフリーバッティングのときには、みんないいところに構えて、自分のタイミングで打ちますから、ガンガン打てるんですよ。あれを見ていたら誰がレギュラーか補欠かなんて分からないですよね。3割バッターも補欠も見分けがつかない。

補欠は補欠なりに一生懸命練習しているから、フリーバッティングの球ぐらいだったらガンガン打てるけど、試合になったら全く打てないということが起こるんです。

実戦になるとヘボなバッターは、たった1センチ体が動いただけでもう合わない。バリバリのレギュラーは、体が多少動いたとしてもバットがトップの位置にバッと入って決まるから、打つにしろ見送るにしろ、しっかり自分の形を保てるんですよ。二流は少しでも体が動いたら自分のバッティングができなくなって終わりですもんね。

二宮　体勢を崩されても自分のスイングができる形を保っていれば、残った腕一本でなんとかできるということでしょうね。

権藤　残る、残らないでは大違いですから、試合で僕らが見ているのはそこだけです。体がちょっとぐらい動いても、バットがトップに入ったままスッと見送られると、あっ、これはヤバいと。

それで、変化球に合っているなとなったら、今度は真っ直ぐを投げさせて、これも合ってるとなったら、もうこの試合、こいつだけは要注意ということになります。

でも、そういうバッターが必ずしもすごいバッターかというと、「なに、2割3分?」ということもあって、次に会ったときには、全然合わない。つまり、ヘボでも合う日というのはあるんですよ(笑)。

二宮　盆と正月が一緒にやって来たような日ですね(笑)。

相性も逆転することがある

二宮　合う、合わないというのは、その日たまたまということもあるのでしょうが、ピッチャーとバッターの相性というものもあると思います。

かつて横浜に吉見祐治という左ピッチャーがいましたが、阪神の濱中治と同学年で和歌山の中学時代から対戦していてずっとカモにされていた。プロに入ってからもその関係が続き、ずっと打たれていたんです。

濱中にしてみれば吉見とは相性が良いということなんでしょうが、彼らに限らず、プロではこういうことがよくありますね。

権藤　確かにそういうものはありますし、どこかでその関係を断ち切らない限りは、やられっぱなしという関係が続きますね。

ただ、そういう関係がどこかでブッと切れることもあり、それをきっかけに顔もみたくなかったバッターが待ちわびた恋人のように見えることもありますから不思議です。

あいつだけはダメです、高校の時からずーっと打たれ続けていますからという場合、それはもうしょうがないから、「そうか。じゃあ、あいつが来たら代えてやる」と言うしかないですね。戦う前から負けていますから。

二宮　以前、プロ野球ニュースで「カモと苦手」というコーナーをやっていましたけど、あれは面白かった。でもその関係がずっと続くかというと、3年後、5年後になったら立場が逆転するケースが、しばしばありました。オールスターで同じベンチになったとき、たまたま車の趣味が一緒だった。それで、「なんだこいつも俺と同じか」と考えると気が楽になったとか……。

権藤　この世界には、そういう話がよくあるんですよ、何かのきっかけでばっちり合っていたタイミングが全然合わなくなるとか、合わなかったものが急に合うようになるということが。

牧田はなぜアメリカで打たれたのか

二宮　昔は、外国人はアンダースローやサイドスローに慣れていないからタイミングが合わないとよく言われ、大洋のシピン対策で巨人の小川邦和さんがワンポイントで行くみたいなことがよくありました。でも今は、アメリカにもいろんなタイプのピッチャーがいますから、一概には言えなくなってきました。

権藤　それを言ったら、もうＷＢＣから2年経ちましたから言いますけど、僕のヒットは、西武の牧田（和久）を抑えにしたことですよ。

二宮　あれは確かに大成功でした。でも牧田はメジャーリーグでもっとやると思ったんですけど、意外に苦労しましたね。

権藤　いや、あれはアメリカのコーチがダメなんです。

僕はＷＢＣのとき、牧田に言ったんですよ。「いいな、お前が低めに投げたら、もうただのピッチャーだからな」と。

最初の頃はキャッチャーが低く低くと、低めに投げさせていた。だから、マウンドに行って「高めに投げろと言っただろう」と言ったら、高めにピュッピュッと攻め込むようになって、それで抑えだしたんですよ。

二宮　地面スレスレから手が出てきて、バッターの胸元へ浮き上がっていく真っすぐに外国のパワーヒッターも手こずっていましたからね。

権藤　それで自信をつけて彼がアメリカに行ったもんですから、僕はパドレスのGMにも言いに行ったんです。「彼は低めに投げたらただのピッチャーだから、高めを使わせなきゃだめですよ」と。

それで高めで勝負するようになった。でも、2ストライクまでは高めでピュッピュッと追い込めるんだけど、それでまた高めで勝負にいくと、打たれるんだって言うんですよ。やっぱり向こうのバッターは能力が高いですから。

二宮　慣れていないと言っても続けて同じ球が来れば、すぐにアジャストしてくるのがメジャーの一流どころですね。

権藤　しかし、「低め低めと行ったらダメですよ」と言うのは、高め一辺倒で行けという意味ではないですよね。上へ2つ差し込んでファウルさせたら、今度は下へフワーッと行ってバッターの目線を変え、タイミングを取りにくくする。そうしたら次の高めが生きてくるわけじゃないですか。

それを、これでもかこれでもかって上に行くから、2ストライクまでは行くけど、その後が仕留められないと言うんですよ。アメリカのコーチの発想はそんなもんなんですかってことですよね。

日本は細かい野球からスタートしていますから、高めに行けと言ったって全部高めに行けという意味じゃないことぐらい誰でも理解します。低いところも混ぜながらの高めだよっていうのは言わなくても分かっている。ところが、意外に向こうのコーチは融通が利かない。高めだと言ったじゃないかと、向こうのコーチは言うわけですよ。

二宮　高めと言われたら高めばっかり。配球の按配とかメリハリとか、何もないわけですか。あとは牧田が判断するしかないですね。

権藤　そうなんですよ。牧田も日本に戻ってきたらまた活躍してほしいけど、一つ心配なのは、ひょっとしたらアメリカで高めばかり投げていた影響で、バッターの目の錯覚が生じなくなっている可能性があるんです。

恐ろしいもので、128キログらいだったボールのスピードが、ひょっとしたら132とか133とかに上がっているかもしれない。しかし、かえってそれが影響して通用しなくなってしまうかもしれないという不安があります。

それくらい微妙なものなんです、ピッチャーの球がバッターに合うか合わないかというのは。ほんのちょっとしたことが原因でバッターの目の錯覚が生じなくなってしまうことがあるんです。

二宮　なるほど。日本時代は「80％」で投げていたのに、アメリカではもしかすると「100％」で投げていた可能性がある。それにより大事なものを失ってしまったのではないかという権藤さんの指摘、注意深く見ていきたいと思います。

第三章

その常識を捨てなさい

――「低めに投げろ」は大間違い

「低めに集めろ」はやめなさい

二宮　この本の最初のほうで、合っているバッター、調子のいいバッターの見分け方として、権藤さんは見逃し方とファウルの多さを指摘しました。この2つのポイントには何か関係するものがありますか。

権藤　ありますね。やはり見送り方のいいバッターというのは、ファウル、ファウルと粘ることが多い。

二宮　粘られれば粘られるほど、ピッチャーは、もす少し際どいコースに投げようとする。四隅のさらに隅のほうに意識が向かうわけです。

権藤　そう。そこに勘違いが起こる。

ファウルで粘られた挙句に打たれたピッチャー、まあキャッチャーもそうでしょうが、彼らが考えるのは、「クソッ、ボールがもう1つ低かったらやっつけてやったのに」ということなんです。

二宮　根負けしたピッチャーは必ず言いますね。「ボールが一つ甘く入った」と。

権藤　そう、ちょっと高くいったから打たれた、もうちょっと低く投げておけばよかったと。これが間違いなんです。

評論家や解説者もそうで、最近はバカの一つ覚えみたいに「ボールを低めに集めたのが勝因」だとか、そればかり言うでしょう。

二宮　日経新聞のコラム（「悠々球論」）にも書いていらっしゃいましたね。低めに集めたから勝てたって、何を言ってるんだと。

権藤　フライボールが幅をきかせる今の野球、低めに集めたら、カモにされるだけですよ。

今年（19年）の7月2日、巨人の菅野が完封で勝った中日戦がありました。そのときも評論家が、「今日の菅野はコントロールが悪くてボールが高かったけど、何とか抑えましたね」みたいなことを言っていましたが、僕に言わせれば、ボールが高かったから抑えられたんですよ。

菅野とはＷＢＣで一緒でしたからときどき話すんですが、彼に言ったことがあるんですよ。「低めはダメだ、低めはやられる。高めはバッターの目に近いから思わず振ってしまう。だから高めに投げなさい」と。

あの試合の菅野は確かに狙って高めを投げたわけではなかった。それはその通りなんですが、結果的に高めに行ったから抑えられたんですよ。

二宮　意識して高めを狙ったわけではない。つまり荒れ気味だったからよかったと？

権藤　そう。だから、試合後に菅野に言ったんですよ。「高めに投げ損なったからよかったんだよ。低めに投げ損なっていたら、（バッターは）振りゃせんよ」と。

「困ったら低め」は日本野球の悪癖

二宮　たいていのピッチングコーチや評論家は権藤さんと全く逆で、「高めは危ない。とにかく低めに投げろ」と言いますよね。低めの失投はともかく、高めの〝抜けスラ〟（抜けたスライダー）は特に危ない、という人もいます。

権藤　それは昔の話。今はアメリカのフライボール革命の影響で、低めに投げておけば内野ゴロに仕留められるなんていう時代じゃないんです。バッターは低めのボールをすくい上げてスタンドにもっていこうと構えていますからね。

日本のパワーヒッターの力もアメリカに近づいているんですよ。西武の山川穂高とかを見ていると、グイグイ行くじゃないですか。あの辺のバッターに低く行ったらカモになるだけです。

二宮　マリナーズに移籍した菊池雄星が打たれたボールは全部低めだって、権藤さん、書いていらっしゃいましたね。これもフライボール革命の影響なんでしょうね。

権藤　日本の投手は、困ったらつい低めに投げようと考えてしまうんですよ。

困ったときというのは、ここでやられるのは勘弁して欲しいという場面でしょう。そういうときほど「とにかく低めに投げろ」と、高め厳禁の指令を出すのが日本の野球。そういう日本野球の常識は捨てたほうがいい。

大谷にしても、あの160キロを生かすには高めを狙ったほうがいい。ベルトより下だと、手が長くて踏み込んでくるメジャーの打者は外角低めいっぱいでも危ないですから。

バットさえ届けば、腕が伸びたところで振るから飛距離が出るんですよ。ベルトより上の球なら球威も増しますし、バットも出にくいんです。

ところが日本は逆を教えていますから。本当は目一杯のボールを投げ損なったとしても、ベルトから上に行けばいいのに、困ったら丁寧に低めに行ってしまう。

あれはもう小学校、中学校の頃からそうやってきて、「困ったら低めを丁寧に」という頭で凝り固まっているから、急には変わらない。その通り実行して、向こうの思うツボにはまる。これが1年目の菊池雄星です。

二宮　「三つ子の魂百まで」と言いますが、確かにこれは急には変わらないでしょうね。

権藤　プロの監督・コーチや評論家が、みんな「低め、低め」と言うから、余計にそうなるんじゃないですか。プロがそうだから学校の指導者もみんな「低く低く」と言っておけば間違いないという発想になる。でもそれ、間違いですから。

ホームランはアウトコースばかり

二宮　「高めに投げろ」というのはストライクゾーン、それともボール気味がいいんですか。

権藤　勝負に行ってボールゾーンで打ち取るなんて、そんなムシのいいことはできません。そこはやっぱり、やられるかもしれないけど、勇気を持ってストライクゾーンに投げ込むしかない。

　ただ、うまくいくとき、調子のいいときというのは、それがたまたまボール気味になって、バッターがそれを振ってくれる。そういうものなんですよ。

二宮　そう言われても、やはり高めは怖いから、低く行っておこうというピッチャーは少なくないんでしょうね。

権藤　下位打線のヘボなバッターには低めでいいんですよ。ヘボなバッターは高めの甘い球しか打てませんから（笑）。

だけど、今クリーンアップを打つようなバッターは、バットを高く構えたところから下ろしていって、そこから低めのボールをすくい上げるようなバットの軌道になっている。そうしたら、バットを下から上に振り上げる感じで低めは打てるけど、高め、とくにインハイは一番窮屈に打たなければいけません。バッテリーはそこを見ないといけない。

もちろん、バッターが好きなところ、得意なところからスッと落とす変化球は有効ですよ。高めに行けというのは真っ直ぐの話で、変化球は低いほうがいいんですが、そればかりだと見透かされ、狙われますから。

結局、高めに真っ直ぐを投げ込めば低めの変化球も生きてくるんです。とにかく低く低くと言って、低めばかりにボールを集めるのが一番危険です。それをやっていたら、いずれやられます。

二宮　高めを使っているから低めも生きてくるんだと。

しかし、日本ではまだ低めに集めるピッチングが主流、とくにアウトローに投げておけばケガをしないという考え方がまだ幅をきかせているような感じがします。

権藤　昔はそれでよかったかもしれないけれど、今のバッターはリーチが長いから、ボール1個分体を前にもっていっただけでバットが届くじゃないですか。

なおかつ山川みたいなパワーヒッターなら、アウトローでもすくい上げてスタンドまでもっていける。そういう時代になったということです。

二宮　野球も月日が経てば変わってくる。昔は「アウトローの真っ直ぐ」でよかったが、フライボール革命全盛の時代、ピッチャーの攻め方も変わらなければならない、というのが権藤さんの見解ですね。

権藤　目に近いところをさばくには相当な技術がいるんです。外は腕をポーンと伸ばせば今のバッターは届きます。

ただ、そうは言ってもインコースに投げるのは勇気がいりますよね。一発の危険性が高いのはインコースだと、みんな思っていますから。

二宮　「ここは安全にいくなら外の変化球でしょうね」というのが、解説者の常套句です。

権藤　長い間の刷り込みがありますから。でも、最近のホームランバッターがスタンドに放り込んだのを見ていると、もう外ばっかりですよ。

清原もインコースを打って崩れていった

二宮　権藤さんはピッチャーに、これでもかと言わんばかりに、バッターのインコースを攻めさせることがありましたね。

権藤　あれはもうある意味、試合を捨てていますからね。ホームランでなければいいくらいの感じで、打ち取ろうなんて思っていない。その攻めが次の打席、次の試合には効くと思ってやっていたんです。

二宮　その1打席ではなく次の試合、あるいはその後何度も巡ってくる対戦のことまで考えてのボディブローですね。権藤さんがダイエーのピッチングコーチのとき、清原に対しては徹底してインコース攻めしたことを覚えています。

権藤　弱いチームはあれしかないですから。でも、ピッチャーもインコースに行き慣れてくると、ストライクを投げられるようになるんですよ。

たまに投げるくらいだと、「インコース行っちゃったよ」ってドキドキしながらの感じになるけど、ずっと投げ続けると「おっ、案外いけるじゃん」となってきます。だって、ホームランなんか年に1本ぐらいしか打たれないですからね。

面白いのは、逆にその1本のホームランを打ったバッターのほうが崩れるんですよ。清原にしても、たまたまインコースをカーンと打ったあとは崩れていったものです。インコースに執着するようになって、本来なら腕を伸ばしてアウトコースを弾き返すバッターなのに外のボールに手が出なくなるんですよ。

二宮　権藤さんならではの〝深い話〟ですね。

清原は長いリーチを利用し、外のボールを右中間に持っていくのが特長でした。しかし、プロのピッチャーの徹底したインコース攻めに遭い、フォームを崩していった。たまたまインコースがうまく打てたことで、得意なアウトコースが打てなくなったというのは興味深い話です。

権藤　最近はバッターだけじゃなくて、同時にピッチャーもパワフルになってきているんですよ。

昔だったら、たとえば阪神の小山（正明）さんとか広島の北別府（学）みたいにスライダーの出し入れで勝負するようなピッチャーがいましたが、もうそんなピッチャーはいませんね。

パワーのついたピッチャーが150キロ、160キロの球を投げる時代になると、そんな細かいコントロールは必要なくなってきます。パワーヒッターに対してパワーピッチャーが力対力の勝負を挑む時代になったんですよ。

では、160キロ近いボールをどこへ投げ込めばいいのか。高めだというのが僕の考えです。

全部高めだった金田正一

二宮　ところで、金田正一さんが亡くなられましたね（19年10月6日）。まさに〝巨星墜つ〟です。

400勝投手の金田さんについては今さら説明も必要ないでしょう。国鉄を一人で支えていました。

権藤　国鉄というと、「パ・リーグの球団ですか？」と言われますよ（笑）。「いやいや、国鉄スワローズは今のヤクルトの前身だよ」と言わないと分からない人が結構いますね。

二宮　おそらく、金田さんの４００勝を破るピッチャーは、もう現れないでしょう。僕は国鉄時代の金田さんについては、はっきり覚えていません。覚えているのは巨人に移ってからです。

４００勝のうち国鉄時代の15年間で３５３勝、巨人では5年間で47勝ですが、巨人でも16勝した年（67年）がありました。大きな体でゆっくり投げているのに、ボールが手許でキュッと伸びているように映る。晩年なのに〝この人は別格だ〟と唸った記憶があります。

権藤さんが2年連続30勝されたのが61年、62年。その2年間、金田さんはまだ国鉄ですが、20勝、22勝ですね。63年、64年にも30勝、27勝して65年に巨人に移籍します。V9のスタートの年です。

権藤さんは、国鉄時代の金田さんと投げ合っていますよね。

権藤　もちろんです。ただ、僕がプロ入りしたとき、金田さんはもう10年選手です。金田さんがものすごく速い球を投げた時代というのはその10年の前半のほうですから、僕が入ったときはもう速球派のイメージではなかったですね。僕の印象は、ボールに角度があることと、あの絶妙なカーブです。

その頃はもう天下の金田正一ですから、アンパイアも多少外れていても「ストライク！」と言ったり、そんな感じでしたよ。巨人に行ってからはそれが「ボール！」と言われるようになった。金田さんもカッカしたと思いますが、「紳士たれ」の巨人軍ですから、我慢していたんじゃないですか。

二宮　国鉄時代は〝金田天皇〟とも呼ばれていましたから、忖度があったかもしれませんね。

権藤　そうでしょうね。巨人に入ってからは力も落ちてきていました。

で、ここまで、「低め、低めではやられる」という話をしてきましたが、金田さんは低めになんか投げませんよ。真っ直ぐは高め、カーブも高いところから落ちてきました。高め主体でピッチングを組み立てていたのが金田さんでした。

絶妙な間をつくった「遅れてくる手」

二宮　フライボール革命ならぬ〝ハイボール投球〟の元祖ですね。昔で言えば、沢村栄治さんも高めの快速球と〝懸河のドロップ〟が主体のピッチングでした。金田さんに話を戻すと、胸を張り、手が後ろから遅れて出てくる独特の投球フォームでした。

権藤　そう、あれです。あれが教えてできるものではないフォームなんです。

さっきから何度も言っているピッチャーの間とかタメというのが金田さんの最大の持ち味で、あれだけ手が遅れて出てくると、バッターは間合いが取れない。

大谷もどこかで間を覚えてからそれを克服し、本当に打たれないピッチャーになった。そういう意味では、ロッテに指名された佐々木（朗希）でも、スピードは大谷以上かもしれませんが、まだ分からない。

160何キロですから、それは速いでしょう。高校生相手ならまあ抑えますよね。でも、プロのバッターを真っ直ぐで抑えられるか、空振りを取れるかとなったら、そこはやってみなければ分からない。

二宮　160キロ超のスピードは確かに武器だけど、そこにバッターのタイミングを外す間がないとやられてしまうと？

権藤　その通りです。大谷もそれを覚えてから、あの160キロのボールが効くようになった。変化球をうまく使えるようになったとか評論家は言いますが、それが本当の理由ではないということです。

二宮　金田さんは素人が見ても手が遅れてくるのが分かりました。あのフォームから投げられたら、バッターはタイミングを合わせるのが容易ではないでしょう。しかも当時としてはケタ外れの身長（186センチ）で、ボールに角度がありました。

権藤　腕の振りを見て、出てくると思ったタイミングで手が出てこなかったら、バッターはもう自分のバッティングができません。160キロでも、腕の振りと同じタイミングでボールが出てきたら、プロのバッターは何とかします。

だから、そこが金田さんが超一流のピッチャーだったゆえんでしょうね。徐々に速いボールが投げられなくなっても20勝を続けられたのは、カーブがいいのもありますが、そこだと思います。

二宮　巨人に移ってからの金田さんは、スピードは遅くても手が遅れてくるものだから、バッターが前のめりになってしまっていた。ボールが来る前にバットを振ってしまうようなこともありました。

権藤　金田さんの場合、ボールの離しどころが分からないというあの投げ方だけでなく、そこにバッターを威嚇するような存在感、そしてボールに角度があるという武器もありましたね。やっぱり超一流は違いますよ。

二宮　あれだけ手が遅れて出てくるピッチャーは、今のプロ野球にはなかなかいません。本人は、とにかく「走れ、走れ」が持論で、ボールは下半身で投げるものだと。トレーニング理論も一級品でしたね。

権藤　球が速いだけであれだけ勝つことはできませんから。

二宮　カーブは2階から落ちてくるほどの落差がありました。

権藤　上から落ちてくるカーブに対して、ほとんどのバッターは顔が上を向かないようにして待つんですよ、目だけ上を見て。でも、あれでは打てない。あれを打つには最初から顔を上げて、ボールが来たところを叩けば打てると思うんですけど、みんな下を向いて打っていましたから。

二宮　バッティングは「アゴを引いて、脇を締めて」という言い方が昔からありました。金田さんからすれば赤子の手をひねるようなものだったかもしれませんね。

「フォアボールを怖れるな」の意味

二宮　それにしても、「高めで勝負しろ」「フォアボールを恐れるな」と主張する〝権藤理論〟は刺激的です。

日本では子供の頃から「高めに投げるな」「フォアボールを出すな」と、こればかりですから、そうなると逆にバッターもそれに慣れてくる。必然的に低めが得意なバッターも増えてくる。フォアボールにしても、日本のピッチャーはフォアボールを極度に恐れるから、バッターは球が絞りやすくなる。

権藤　「フォアボールを恐れるな」というのは、フォアボールを恐れてストライクを取りにいくようなピッチングをするな、思い切り攻めのピッチングをしなさいということです。逆に言えば、ノムさんじゃないですけど、意味のないフォアボールは出すなということでもあるんです。

二宮　意味のないフォアボールと意味のあるフォアボール。そこは大事なポイントですね。

権藤　攻めて攻めてのフォアボールはしょうがないけど、打たれたらいかんとあちこちにチマチマと投げてのフォアボールは意味がない。こいつと勝負してやるんだという強い意志がなかったら、ピッチャーはやっていけません。

だから、そういう意味のないフォアボールを出したピッチャーには、「行け、このバカタレが！」と。攻めていってのフォアボールだったら、「ストライク入っとったらホームラン打たれたかも分からんけど、フォアボールでよかったじゃないか」と肩の一つも叩いてやります。

難問は後回し――エリートの悪いクセ

二宮　権藤理論が刺激的なのは「常識を疑え」からきているところです。ハナっからマニュアルを信じていない。先ほどのフライボール革命じゃありませんが、時代が変われば過去の常識はもう通用しなくなります。それは社会の仕組みも同様ですね。

権藤　マニュアル通りなら、誰だってやります。

二宮　俗に頭がいいと言われる人は、公式さえ覚えていれば80点ぐらいは取れるので、難しい問題をどんどん後回しにする。逆に言えば、難しい問題には対応できない。

　野球もそれと一緒で、子供の頃から「高めに投げるな、低めに投げろ」「フォアボールを出すな」ばかりを刷り込まれて育った野球エリートは、それを逆手にとってやれと考えるようなバッターには対応できないでしょうね。

権藤　国会の審議なんか見ていてもバカバカしいですもんね。国民の税金を使って「あのときこう言っていませんでした?」「いえ、記憶にございません」とか、そんなバカみたいな質疑応答ばかりに時間を使う。そんなのオレでもできるって。

どう考えたって日本のこの問題はきちんと審議しなきゃいかんだろうという問題があるわけだから、与党も野党も関係なくそれに対する意見を言い合って議論して、最後は多数決で決めるとしても、どこが問題の根本で、どうやったらうまくいくのかとちゃんと議論してみろって思いますよ。

それをくだらん質問ばかりテレビ中継で見せられた挙句に、どうせ多数決で決めるだけだったら、国会なんて1日だけ開いて早く決めてしまえっていうことです。

野球も国会も「どうしましょう派」ばかり

二宮　結局「どうしましょう派」ばっかりで「こうしましょう派」がいないんだと思います。

先の年金2000万円問題で「現状はこうです」というレポートを作らせたら、「2000万円くらい不足するから、老後の生活は大変です」と。しかし「こうしましょう」の議論につながらず、結局は、選挙に都合が悪いから受け取らないとなっちゃうわけですよ。いったい何のためのレポートだったのか。

コーチが監督に「ちょっと耳が痛い話ですが……」と切り出したら、「いや、そういう話は聞かなかったことにする」と。不都合な真実に耳を傾けないと打開策は生まれてこない。

権藤　本当に、野球も政治も、まともなことをちゃんとやってくれよと思いますね。まともにやるっていうことは、上の言うことを「はいはい」と聞くことじゃない。それなら誰がやっても同じことですから。今の国会議員だって、あれなら誰がやっても同じことですよ。

二宮　権藤さんの「どうしましょう派」と「こうしましょう派」は、つくづく名言だと思いますね。「こうしましょう」と言ってしまったら、責任が生じます。「どうしましょう派」は責任を取る必要がない。そんなコーチが球界には多い気がします。

権藤　もっとも「こうしましょう」と言っても、それを上がノーと言ったら、それはしょうがないわけですから。

問題なのは、何も提案しないで黙っているだけのコーチ。それならスタンドのファンでもできるということです。

二宮　たぶん、「どうしましょう派」の中には、下手に「こうしましょう」と言ったところ、うまくいかず、逆に監督から問い詰められる。それを恐れている人もいるかもしれませんね。

権藤　そういう上司は最悪です。やる、やらないは上司、プロ野球なら監督が決めるわけだから、決めた人が責任をとるのが当たり前ですよ。「責任は俺がとるから、『こうしましょう』という意見をもってきてくれ」。そう言うのが仕事のできる上司ですよ。

二宮　中には「手柄は上司、責任は部下」という指導者もいますからね。

権藤　情けない話だね。

第四章

嫌なバッターはあいつだ!

現役時代に嫌だったバッター

二宮　権藤さんが現役の頃、何考えているのか分からないバッターは誰でしたか？

権藤　長嶋さんは、何を考えているのか分からないというより、僕にとっては恐ろしいぐらいの人。外角低めにいい感じでカーブを落とすと、もう泳いで泳いで、泳ぎっぱなしっぱなしの体勢になっても、最後、右手一本でいつもライト前へもっていくんですよ。

二宮　体が開こうが開くまいが、長嶋さんはお構いなしですもんね。

権藤　だって、僕の1年目（61年）、35勝した年です。誰にもほとんど打たれてないにも関わらず、長嶋さんだけには4割5分（4割4分8厘）も打たれていますから。その長嶋さんを除き、すごいと思ったバッターってほとんどいないですね。

ワンちゃん（王貞治）は僕の1年目はまだ二本足で打っていた頃で、一本足で打ち出したのは次の年（62年）の7月からですから、僕がいいときにはあまり対戦していませんん。3年目以降はもうこっちの肩がボロボロでしたら、ガンガン打たれましたけど。

誰が嫌だったかと言えば……ファウル打ちの名人・阪神の吉田義男さんでしょう。調子に乗ったときは固め打ちしてきますし、しつこさがありましたね。

総じて言えば、当時のバッターのレベルは今よりも低いですよ。30勝投手がちらほらいて大きな顔ができた時代ですから。

二宮　そういうことが言えるのは権藤さんぐらいですよ。ほとんどのOBが「昔のほうがレベルが高かった」と言っています。

権藤　いや、全体的なバッティングのレベルは今と比べたらもう全然。ただ、その中で張本（勲）とか大杉（勝男）とか中西太さんのような突出した選手がいた。まぁ数えるぐらいでしたけど。

今は何をしでかすか分からないバッターが各球団にぞろぞろいる。みんなマークしないといけない。昔はクリーンアップだけマークすれば、あとは何とかなった。今はベンチにクリーンアップ級のバッターがゴロゴロいますから。

いいバッターは、インコースが打てないのを隠す

二宮　通算3085安打の張本さんでもときどきセーフティバントをやっていましたね。

権藤　あの人は足が速いからね。内野安打をとるときの足の速さなんていうのは、張本、江藤慎一あたりはすごいですよ。

二宮　江藤さんも？　鈍足に見えましたが……。

権藤　盗塁はそんなにしないけど、内野安打を狙っているときは速かったですよ。

二宮　なるほど、張本さんにしても江藤さんにしても首位打者の常連だった人は、やっぱりヒットに対するこだわりが人一倍強いんでしょうね。

江藤さんは両リーグで首位打者になった最初の人で、その後も内川しか達成していない。権藤さんとは中日で一緒にやっていますもんね。

権藤　バッティングのテクニックはやっぱりすごかった。

晩年はライト狙いもうまかった。インコースを狙っているように見せかけて、外にき

た球を踏み込んで行って向こうへカーンと打つ。そういうバッティングの頭脳はすごいものがありましたね。

このように、いいバッターの条件の一つは、インコースが打てないところを見せないということですね。

二宮　インコースが打てないのを見せないというのは、インコースが苦手だからと？

権藤　いや、インコースはみんな打てないんです。どんなバッターも、ぎりぎりのインコースは打てません。逆にそんな難しいインコースが打てるようになったら、バッティング自体が狂ってしまうんです。

二宮　インコースを打つと他のコースが打てなくなる、というのが権藤さんの持論ですね。

権藤　ピッチャーの球はセンターの方向から来るわけじゃないですか。それをセンターに向かってバットを振り出していくのが一番素直なバッティングですよね。真ん中はそうやって打ちますし、外はちょっと踏み込んで腕を伸ばして打つわけですよ。

ただ、インコースを打つにはポイントを前寄りにして腕を畳むようにして打たなければいけない。必然的に窮屈な打ち方になるわけです。そうやってインコースを打てるようになったとしても、真ん中や外を打とうとしたらまた違う打ち方をしなければいけないわけですよ。

だから、外の球に対しても広角に打ち返すバッティングをしようとしたら、インコースは基本的にうまくは打てない。インコースを打つには、アウトコースを捨ててからないとダメなんです。

二宮　なるほど。要約するとインコースと外寄りではバットの出し方が全然違う。インコースをうまく打てるようになると、今度は外のボールを打つバッティングがスムーズにできなくなる危険性があるということですね。

権藤　さっきの清原の話もそうですが、外を打つのがうまかった人が、たまたまインコースを打って味をしめるとそうなりますね。「インコースは捨てろ」というのはそういう意味です。

インコース打ちの名人

二宮　かつて「シュート打ちの名人」と言われたのが山内一弘さんです。インコースのさばき方は絶品でした。

権藤　山内さんは若い頃はインコースをホームランにしていましたけど、晩年はあまりホームランが出なくなった。もともと長距離ヒッターではないんですよね。あの人こそローボールヒッターじゃないですか。

二宮　インローですね。

権藤　うまいこと打ちましたもんね。あの人がもしピッチングコーチをやったら、やっぱり「低めに集めろ」と言うんでしょうかね。

二宮　どうなんでしょうか。自分は得意でも、他のバッターは俺のようにはうまく打てないから、となるんですかね。

阪神時代の新庄（剛志）に山内さんがフォーム改造に乗り出したら、一時おかしくなっちゃったことがありました。藤浪のインステップと同じで、直そうとするとかえっておかしくなる選手もいます。

権藤　山内さんは中日で監督をやり、バッティングコーチもロッテ、巨人、オリックスなどで長くやりました。すごく熱心に指導されるんですが、選手には何を言ってるかよく分からないところがありました。

ただ、山内さんがスイングすると、これは素晴らしいからちゃんと見ておけということなんです。トスバッティングとかティーをコーンと打ってみせるのはそりゃあもう見事、素晴らしいお手本でしたよ。

二宮　話し出したら止まらない「かっぱえびせん」と言われたぐらいの方で、とても熱心に指導されるから、みんなほだされて耳を傾けるんですが、理解できない。あの落合さんがロッテ時代に、「放っといてください。ダメならクビで結構ですから」と言ったという逸話もあります。

今の選手でインコース打ちの名手と言ったら、巨人の坂本勇人でしょうか……。

権藤　最近では坂本がうまいですね。インコースをホームランにできますから。

二宮　実は彼、もともとは左利きらしいんですよ。だから左のほうが強いと言っていました。右利きの左バッターは山ほどいますけど、左利きの右バッターはあまりいない。インローのボールを起用に右手ですくい上げますもんね。

権藤　坂本もインコースは打てるけど、外は打てない時期がありました。でも、首位打者をとったあたりからうまく打つようになりましたね。

ただ、もともとインコースがうまい印象があるから、外を打つようになってもセ・リーグのピッチャーはあまりインコースに投げてこなくなった。しかし、今年の（19年）日本シリーズではインコースをソフトバンクのピッチャーに突かれておかしくなりましたね。

つまり、インコースが得意な坂本でも、広角に打つようになったら、インコースの速球はそうは打てないということなんです。

石毛宏典――別格の嫌なバッター

二宮　では、ピッチングコーチの目でこれは嫌だったというバッターは誰になりますか。

権藤　まずはやっぱり、先に話した石毛ですね。それから同じ西武の辻（発彦）、巨人の篠塚あたりですかね。

　要するに嫌なのはファウルの多いバッターなんですが、石毛は別格。これはファウルが多いバッターではありません。

二宮　権藤さんが言うところの「第3打席の男」ですね。

　石毛さんはシーズン3割を4度達成していますし、ホームランも20本以上が5シーズン、新人王（81年）、MVP（86年）にも輝いていますから、もちろん一流の実績を残した選手ですが、それ以上に勝負強い印象を残しました。

権藤　そうなんですよ。ただダメなときは並みのバッターで、なんてことはない。簡単に抑えられるんですよ。

ただ、2打席凡退したあとの打席、6回、7回あたりにチャンスで打席が回ってきたときの石毛はもうとんでもないバッターです。いつもはそんなに勝負師の顔でもなく、会ったら「こんちはー」っていう軽い感じのする男なんですが、そういう場面での石毛は、もう顔からして違います。

寡黙になるというか、前の2打席の三振や凡打を帳消しにしようと考えているんでしょうね、迫力が違います。

しかも、石毛がいた頃の西武は黄金時代でしょう。強いチーム、調子に乗っているチームというのは、不思議議とチャンスでいいバッター、相手からすれば嫌なバッターに回ってくるんですよ。

二宮　あの当時の西武のスターティングメンバーはほとんど固定されていました。石毛さんは、最初の頃は1番を打っていましたが、秋山（幸二）、清原、デストラーデと続くクリーンアップの後の6番のときもありました。

権藤　6番のほうが嫌でしたね。同点や1点差の7回、ランナーセカンドといった一番嫌な場面で回ってくるんです。それで何度もやられました。

弱いチーム、調子が出ないチームはその逆で、チャンスが来ても、そこでダメなバッターに回ってきてしまう。そういうのが続くと、じゃあ打順を組み替えようと打順を下げたりするんですが、そんなことをいくらやっても、またそいつのところにチャンスで回ってくる。弱いチームというのは何をやってもうまくいかないものなんです。

手が残っているのも嫌なバッター

権藤　この本の最初のほうで嫌なバッターのタイプを話しましたが、付け加えるなら、嫌なバッターのタイプでもう一つあるのは、足はグッと出ているのに手だけは残っているというタイプです。

二宮　前に踏み出していく足と一緒に手が出ていかないで、バットを構えた手を後ろに残しているということですね。

権藤　そういうことです。石毛がその最たる選手ですよ。体は完全に泳いでいるんだけど、まだ後ろに手が残っている。あれは嫌ですよ。

二宮　長嶋さんの右手と同じですか？

権藤　いや、それがまた違うんですよ。

長嶋さんの場合は完全に崩れているんです。普通のバッターなら勝負あったの状態なんです。

ところが恐ろしいことに、それでも長嶋さんは、体をのけ反らせながら最後の最後に右手一本の感性だけでライト前に打ち返すんですよ。ボール打ちの練習ばかりやっていたことが、ああいう場面で生きたんでしょうね。

二宮　石毛さんの場合は？

権藤　彼は、長嶋さんと違って足は出ているのに手だけは後ろにちゃんと残っている。ただ、さすがに泳いだり詰まったりはするけど、バットに当たった瞬間に右手で押し込んでヒットにするんですよ。

二宮　それが石毛さんの第3打席ですね。6回か7回というと、ちょうど先発ピッチャーがへばってくる頃です。

権藤　そう。またそういうときは、だいたいセカンドにランナーがいたりするんですよ。

それでも1打席目、2打席目と無様な三振をしているものですから、ピッチャーはつい勝負に行くわけですよ。そのとき危険な匂いが分かるのは、やはりピッチングコーチです。監督は分からない。

二宮　3打席目や4打席目が怖いバッターというのは、1打席目、2打席目が怖いバッターよりも当然嫌でしょうね、試合の山場ですから。しかも彼はリーダーですから、打てばチームが乗ってくる。

ラルフ・ブライアント――最高に嫌なバッターは味方にいた

権藤　ピッチングコーチとして、嫌なバッターの最右翼は石毛。これしかありません。だけど、灯台もと暗し。近鉄には石毛以上のバッターがいました。ラルフ・ブライアントです。彼とは2年間（88～89年）近鉄で一緒にやりました。その後、僕がダイエーに行ったもんですから敵になりましたけど、嫌でしたね。

ブライアントは三振が多くて、第1打席三振、第2打席三振、第3打席もまた三振なんていうのがよくあるんですよ。そうなったら、4打席目で2アウト、ランナーが2人ぐらいいてもピッチャーは勝負に行きますよね。そこまでの3打席、フォークボールにクルクル回っているわけですから。

ところが第4打席になると、それまでクルクル回っていたワンバウンドのフォークボールを見送るんです。こうなると怖い。僕が相手のピッチングコーチなら、もう一度、フォアボールでもいいからワンバウンドのフォークを放れと言いますね。バッテリーはそれまで完璧に抑えていますから、ついストライクゾーンにフォークを投げてしまうんです。

それを読んでいてブライアントは、下からバットを振り上げるんですよ。そうすると、セカンドフライかなと思ったような打球が、川崎球場なんかだと、だんだん伸びてくる。おいおいと思っているうちにスタンドに届いてしまうことがよくありました。

二宮　思い出しますね。あの西武との天王山（1989年10月12日）、ダブルヘッダーでの4連発は語り草です。

リアルタイムで見ていない若い読者の皆さんに試合経過をざっと説明しますと、まず西武が4点を先行しますが、先発の郭泰源がブライアントにソロ、満塁と2打席連続で一発を浴びて同点。そしてブライアント封じのために8回表に森監督がマウンドに送ったのがエース渡辺久信です。そして同点のホームラン。打たれたのは高めの真っ直ぐでした。

権藤　ブライアントはあの2日前、ロッテにいた平沼（定晴）の135キロくらいの真ん中を空振りしていたんですよ。

それが分かっているから、147〜148キロの渡辺久信からしたら、打たれる気はしなかったでしょうね。

二宮　しかもあの年の渡辺久信は、ブライアントに1本もホームランを打たれていなかった。

権藤　そう、いつもは高めの真っ直ぐにクルンと回るんだけど、それを痛烈なハーフライナーで最上段ですよね。

二宮　あれはすごかったですね。「なんで高めに投げたんだ」と森監督に怒られたと渡辺久信が言っていましたけど、彼にしてもキャッチャーの伊東勤にしても、今まであれで打ち取っていたから仕方ありませんよね。

あの年のブライアントは49本のホームランを打っていますし、あの日を含めて1試合3ホームランが4度ありましたから、〝事故〟という言い方は失礼かもしれません。これもブライアントの〝生きざま〟なんでしょうね。勝負がかかると別人になるんでしょうね。

権藤　そういうのがあるんですね。ある日突然というのもあるし、石毛のように第3打席というのもあるし。

二宮　当時はパ・リーグのほうに〝計算外〟や〝規格外〟の選手が、より多く集まっていましたね。

辻発彦——嫌がらせのファウル打ち

二宮　石毛さんと同じく西武黄金期のキーマンであった辻さんも嫌なバッターだったということですが、彼の場合は嫌らしさでしょうか。

権藤　辻の場合は右のファール打ちなんですが、これはもう、嫌らしいというより嫌がらせとしか思えないファウルを打つ。

　というのは、ファウルの多いバッターは、ヒットを打とうと思って振ったボールがことごとくファウルになるというのが普通なんですが、辻は違います。最初からヒットを打とうなんて思っていないんじゃないかという感じですから。

　とにかく粘って粘って、ピッチャーをくたばらせるぐらい粘り倒す。首位打者になった年（93年）もありますが、だいたいは打率も2割7、8分で一発があるわけでもないバッターですけれど、そういう嫌らしさが辻にはありましたね。

二宮　黄金期の西武では主に1番、2番を打っていましたが、思い出すのは90年に巨人と戦った日本シリーズです。

　今、権藤さんがおっしゃったファウル、ファウルの粘りからの初回安打出塁を3試合連続で果たし、いずれも先制点に結びつく活躍を見せました。あの年は4戦目でクロマティの緩慢な守備を突いた辻さんの走塁（センター前ヒットで1塁から生還）が有名ですが、あのしぶといバッティングも印象に残っています。

権藤　確かに、あの日本シリーズは辻のファウルで始まりましたから。あのバッティングはもう辻の体に染み付いたものだから、ピッチャーは何を投げてもファウルにされてしまう。その挙句に押っ付けられてライトに出塁でしょう。あのボディブローを毎試合やられているうちに効いてきて、ずるずると4連敗してしまった。あれだったら、「はい、どうぞ」とヒットを打ってもらって、1塁に行ってもらったほうが楽。散々球数を投げさせられた挙句のヒットが、ピッチャーは一番こたえるんですよ。

二宮　あのボディブローで槙原、斎藤、桑田と、三本柱が皆、ペースを乱されました。あの年の日本シリーズは西武が4連勝で巨人を圧倒し、デストラーデがMVPに輝きましたけど、陰のMVPは間違いなく辻さんでしたね。

権藤　しかし、辻のは何を投げてもファウルにできるという特殊技術ですね。特に左ヒジを上げてインコースをファウルする技術は独特で、あんなことをやっていたら、普通はヒットなんか打てないもんですよ。

たぶん普通のバッターとしてやっていてもそこそこのバッターだったんでしょうけど、

ああいう特殊技術を磨いたことが辻を輝かせた。でも、彼は意外と背丈はあるんですよね。

二宮　180センチはあります（実際は182センチ）。社会人（日本通運浦和）時代は4番バッター、走力もありました。

権藤　ああいうファウル打ちは、170センチそこそこのバッターがやるようなことじゃないですか。背丈もないし、長打力もないヤツが「俺はこれしか生きる道がないから」とやるようなことを180センチあるヤツが極めたということ。これはなかなかできるもんじゃないし、立派なことだと思いますね。

二宮　辻さんは権藤さんと同じ佐賀県の出身ですね。「人と同じことをやってたんでは面白くないし、人を上回ることはできない」とおっしゃる権藤さんと同じで、佐賀県人にはイノベーティブな精神が遺伝子としてあるのかもしれない。

権藤　いやいや、辻はやっぱりすごい男ですよ。県人会の誇りです（笑）。

二宮　西武の監督としても、ソフトバンクという強固な牙城を崩し、前年までのエースがいなくなった中でのリーグ2連覇ですからね。これはもっと称えられてしかるべきです。

権藤　立派なもんです。選手としてはもちろん認めていましたけど、監督としても大したもんです。

篠塚和典――「いい加減、前に飛ばしてくれ」

二宮　そして、巨人の篠塚さん。篠塚さんと言えば、V9後に監督に就任した長嶋さんがそのセンスに惚れ込んでドラフト1位指名し、首位打者に2度（84、87年）輝くなど、1980年代の巨人を主に3番バッターとして牽引しました。

生涯打率3割4厘、守備も名人と言われた二塁手ですが、あのバットコントロールの巧みさは、イチローが出現するまでは白眉でした。

権藤　篠塚とは僕が中日のコーチ時代にやっていますが、彼も嫌になるほどファウルを打つんですよ。

とにかくファウル、ボール、ファウル、ボール、ファウル……と、延々続きますから。そして、最後の最後、甘く入ったストライクをコーンとレフト前にもっていく。途中で「どうぞ1塁へ」と言いたくなるバッターでしたね。

二宮　引っ張ってよし、流してよし。広角打法の完成形を見ているようでした。

権藤　彼は全部ヒットを打ちに来ていますよ。それでもファウルになってしまう。それも篠塚の場合は粘って粘ってという感じではなくて、ファウルがさりげない感じなんですよ。

二宮　なるほど、篠塚さんのもっている雰囲気もあるんでしょうね。さりげない感じだけど、気がつくとファウルが延々と続いていく。

それにしても、前にも飛ばない、空振りもしない。かといって甘くいったらやられる。これはピッチャー、たまりませんね。

権藤　逆に言えば、篠塚ほどのバッターでも、いいところに来たボールはなかなかヒットにできないということですよ。ピッチャーのほうもいいところにそうそう投げ続けられるもんじゃありませんから、最後はやられてしまう。

ピッチャーにすれば、いいボールを全部ファウルされるわけですから、もう投げるボールがない。あとは外れてフォアボールか、甘いところに行って打たれるか。だったらフォアボールでいいじゃないか、という気持ちにもなるわけですよ。

二宮　篠塚さん、あの細身の体でインコースを巻き込むようにして打つホームランもありましたし、弱点らしい弱点が見当たらなかった。

権藤　インコースを狙っていて、ちょっと甘く来れば大きいのが打てるんですよ。本当にいいバッター、こっちからすれば実に嫌なバッターでした。

で、巨人が勢いがあるときには、やはり7回ぐらいのピンチで篠塚に回ってくる。そうすると、篠塚との対戦でピッチャーもベンチも神経をすり減らした挙句に、同点打、逆転打を打たれる。そういうことがありました。

二宮　ところで、篠塚さんでも調子の悪いときはありましたか？

権藤　彼が調子の悪いときは、最初にいいボールに手を出し、それがファウルにならずに前に飛んでいって凡打になるんです。それが、篠塚ほどのバッターでも3割台しか打てない理由です。

いつでもファウルが続くような状態で打席に立つことができたなら、それこそ5割でも6割でも打っていますよ。

二宮　日本では、まだ4割打者は出現していません。どんな好打者でも「10回のうち4回は打てない」と考えるとピッチャーは気が楽かもしれませんね。

権藤　最初に言ったように、ピッチャーは成功率7割ではメシが食えないけど、バッターは成功率3割なら一流と呼ばれるのがプロ野球の世界。「野球は8割がピッチャーで決まる」と言われる世界ですから。

石井琢朗——敵に回したくないバッター

権藤　そう言えば、これも味方だから忘れていましたけど、横浜の石井琢朗もファウル、ファウルで粘った挙句に甘い球をヒットして出塁するバッターで、相手からしたら嫌なバッターだったと思いますよ。

二宮　おまけに足が速くてセーフティバントあり、ツボにくれば一発もありと、間違いなく嫌なバッターの代表でしょう。
　それこそ98年の西武とやった日本シリーズでの第1打席、いきなりセーフティバントを3塁線に転がして出塁したのはさすがだと思いました。あれはサインだったんですか？

権藤　プレイボールの直後ですから、サインなんか出すわけないですよ。そのあとの盗塁だってノーサインですから。

二宮　その辺の野球センスはやっぱりただ者じゃなかったですね。

権藤　自分のチームにいると頼もしいだけで、嫌なバッターだと思ったことがないから忘れていましたね。もし敵だったらと考えると、石井も別格級に嫌なバッターでしょうね。

二宮　優勝した98年は石井がいて鈴木尚典がいて、ローズがいてと、あの年はホームランこそローズの19本が最高ですが、今挙げた3人はみんな3割を打ち、「マシンガン打線」と呼ばれました。2番の波留敏夫、6番の駒田徳広もクセ者でした。

権藤　大きいのはなかったけど、みんな個性的で切れ目のない打線でしたよね。その中でも石井の存在は、守備も含めて大きかったですよ。

大島洋平――もっと正当な評価を

二宮　現役で嫌なタイプのバッターは？

権藤　そうですね、内川みたいな3割バッターの常連組は別格として、まだそこまではいかない選手で言うと、中日の大島洋平はピッチャーに嫌がられるタイプでしょうね。

二宮　確かに大島もファウルで粘ってヒットかフォアボールで出塁というタイプですね。3割バッターにも4度なっています。

権藤　ちょっと淡泊な雰囲気がありますけど、彼の実力は立派なもんですよ。ただ、もったいないなと思うのは、今年（19年）、大島にときどき6番、7番を打たせたりしていたでしょう。チームがもっと彼を認めてあげればいいと思うんですね。あれだけ走れて守れる上に3割を打てるんだから、すごい選手じゃないですか。

二宮　3割1分2厘で打率4位、盗塁も30で、近本光司、山田哲人に続く3位ですから、

7番に置く選手ではないと？

権藤　何となく淡泊そうに見えるところが、ちょっと損しているんでしょうね。

二宮　4打席より5打席立てる打順のほうが相手ピッチャーは嫌でしょうね。

権藤　相手のピッチャーからしたら、中日で一番嫌なバッターですよ。そんなバッターなら、上位のチャンスが巡ってきそうなところに置いておくべきじゃないですか。6番、7番は数試合のことだと言っても本人は傷つきますから、もっと大事にしてあげるべきだと思いますね。

　プロ野球選手としての純粋な力の評価ではなく、何かそこに感情的なものが入ってきたとしたら、選手のほうにも、もやもやした感情が生まれるじゃないですか。それはチームのためにならんですよ。

　まあ、長年プロ野球に身を置いてきましたが、残念ながらそういうことはよくありました。野球の評価とは全く関係のない理由で正当な扱いをされない選手をたくさん見てきましたから。

二宮　大島がそうでなければいいのですが……。

「勝負強い、勝負弱い」の評価は不要

権藤 3割バッターの打順を下げるときによくあるのが「あいつは大事なところで打てないから」という理由。でも、大事なところで打てるか、打てないかなんていう数字は関係ないんだと、『マネー・ボール』のビリー・ビーンも言っているじゃないですか。

二宮 ビリー・ビーンが打者の数字で何よりも重視したのは出塁率ですね。

権藤 そうです。打席が回ってきたときに2塁か3塁にランナーがいたかいないかの話であって、たまたまいないときに打って、いるときに打てなかったと言っても、得点圏にランナーがいるときの回数はそうでないときに比べて圧倒的に少ない。ゆえに当てにならんと。

二宮 ご存じない方のために説明しておきますと、『マネー・ボール』とは、2003年にアメリカでベストセラーになった本ですが、オークランド・アスレチックスのビリー・ビーンGMが、セーバーメトリクスという統計学の手法を使って野球というゲーム

を分析して効率的にチームを編成し、資金力に乏しいアスレチックスを強豪チームにしていく姿を描いたものです。

権藤　だけどみんな得点圏打率がどうだとか、チャンスで打てないとか、そういう言い方に弱いんですね。

「あいつは勝負弱い」と相手に言われるのならまだ分かるんですよ。それも戦いの一つですから。ところが、味方の選手に対してなぜそれを言わなきゃならんのですか。味方に言われるのが一番辛いわけですよ。

二宮　それは心が折れそうになるでしょうね。

権藤　ビリー・ビーンなんかは、大事なのはフォアボールも含めた出塁率だと言うわけじゃないですか。

二宮　勝負強い、勝負弱いといった言い方が根強いのは、それこそ長嶋さんなんかの影響なんでしょうか。大舞台に強いとか。

権藤　それもあるかもしれませんが、長嶋さんを基準にしたら、みんな勝負弱くなってしまいます。長嶋さんは実際勝負強いし、すごいですから、別格として見ておかないと。

経験は話しても、教えるな

権藤　先にも言いましたが、ほとんどのピッチャーは外に投げたいんですよ。それをファウル、ファウル、ファウルにされるのが一番嫌なんです。

二宮　現役では日本ハムの中島卓也がカット、カットでファウルを連発する選手として知られていますね。

権藤　ああ、中島もそうですね。ファウルで粘って、最後に当て逃げのようにしてボテボテの内野安打というのが多いですよね。

　でも中島は左でしょう。左バッターのファウルはまだ分かるんですが、辻は右ですから当て逃げはできない。最後にボテボテの内野安打を打つことはできないんですよ。あれは相当な特殊技術でしたね。

二宮　辻さんがすごいと思うのは、自分はそういう細かい技に生きたバッターだったにもかかわらず、山川や中村剛也、そして森友哉と、西武は豪快なバッターを並べて打ち勝つ野球をしているところです。

　その点を直接聞いたことがありますが、「いやもう、今の野球は違いますから」とさらりと言っていましたね。

　西武の監督に就任される前は、落合さんの下で中日のコーチをしていました。権藤さんもご覧になっていたと思いますが、中日の頃はどうでしたか。

権藤　いや、正直言うと、コーチのときはそんなに存在感を感じなかった。だから、監督になってどうかなと思っていたんです。

　それがソフトバンクを倒しての2連覇でしょう。見直しました。やっぱり監督というのはやらせてみないと分からないもんだなと、つくづく思いましたね。

二宮　今の西武は、こと攻撃に関しては辻さんがやってきた小技の野球とはまるで正反対の野球です。多くの監督は、多少なりともその人がやってきた野球カラーにチームを染めてしまうようなところがありますが、辻さんは自分の色に染めようとしないですね。

権藤　「経験は話しても、教えるな」と僕はよく言うんです。

　ある意味、自分の経験なんてものはいい加減なものなんですよ。たまたま自分はやれたというだけのことじゃないですか。だからそれを人にしゃべるのはいいけれど、人に教えたらいかんのです。

二宮　一方で、俺はこうだったという経験を押し付ける人は少なくないですよね。

権藤　多いですよ、俺はこうやって立派な選手になったんだ、君もこうしてみなさいと偉そうに教えるコーチが。

あなたはできたかもしれないけど、もう時代が違うんだということが分かっていない。今の選手は自分とは考え方も違うし、野球も違うんだということにコーチは気がつかなきゃ。

二宮　フライボール革命にしても、ちょっと前まで「ゴロを転がせ」とやっていたわけですよね。ゴロを転がせば何かが起きると。でも球場も人工芝も以前とは違っている。そこを理解しておかないといけない。

権藤　そこですよ。送りバントにしても、いまだに好きな人たちがたくさんいます。

あれは相手に1つアウトをくれてやるだけですから。どうやって27アウトをとろうかと思っている中でバントを3回やってくれたら、こんなありがたいことはない。9回のゲームが8回で済んでしまうわけじゃないですか。

二宮　権藤さんは横浜の監督時代に、「わざわざ敵にアウトを献上するという世にもバカバカしい作戦」と、送りバントを否定していました。

権藤　バントを全くしなかったわけではなく、ここは相手がバントを一番嫌がるとか、勝負どころで1点欲しい、それにはバントのほうが確率が高いといった場面ではやることもありましたけど、基本はノーバントです。

二宮　『マネー・ボール』の中でも送りバントは完全否定されていますが、アメリカで本が刊行されたのは2003年のことですから、権藤さんは先見の明があります。

送りバントを使うのは多くの場合、ランナーをスコアリングポジションに送ったほうがピッチャーにプレッシャーをかけられるとか、クリーンアップのタイムリーヒットに期待したほうが得点が入りやすいと考えるからだと思いますが、権藤さんは違うと。

権藤　5割も6割も打つバッターが後ろに控えているのならそれも分かりますが、しょせん3割ですから。野球はピッチャーが抑える確率のほうが断然高いんですよ。

すごい選手は音が違う

二宮　話は変わりますが、長嶋さんが松井を巨人の4番に育てるために「1000日構想」と言って、遠征先のホテルなんかでも付きっきりで素振りをさせたのは有名な話です。スイングの音を聞き分けていい音が鳴ると、「よし、今のがいいんだ」と言ってたようです。

確か、いいときの音はブーンではなくて、ピュッと短い音がすると長嶋さんは語っていたようですが、そのように、危険なスイング音というものはあるのでしょうか。

権藤　それはもう、音ですごく分かりますよ。近鉄のブライアントなんてすごかったですから。

フリーバッティングで芯に当たってスタンドに入るとき、打球音は誰でもしますが、バットスイングが風を切る音は普通はしないものです。ファウルチップのときは空振りと同じでブンって音がしますよね。バットの先のほうからグーッと回っていきますから、風を切る音がするんです。

ただ、フリーバッティングの120～130キロの球に対して160～170キロの打球を飛ばせるバッターでも、ちゃんと芯でとらえたホームランのときは、当たった瞬間にバットが押されますから、スイングスピードにブレーキがかかって音がしないんです。

だけどブライアントは違いました。ホームランのときでも近くにいれば、ブンとスイングの音が聞こえます。それぐらいヘッドスピードが速かったですね。

二宮　一瞬で刀を抜くような怖ろしいスイングでしたね。キャッチャーはその〝剣風〟に縮み上がったことでしょう。

権藤　大谷もWBCプレミア12（15年）に召集されて、東京ドームでフリーバッティングをしたときに近くで見ましたが、やっぱり音がしていましたね。

二宮　やっぱりそうですか、大谷も。

ピッチャーの場合も、いいピッチャーはリリースの瞬間に音がするという話を聞いたことがあります。

権藤　それもあります。それはもうバッティングと同じで、タメがいいからですよ。腕を回してきて遠心力が最大になるギリギリところにくるまでボールを持っていて離すとバチーンとか音がするんです。

二宮　権藤さんの2年連続30勝のときも音が出ていたんじゃないでしょうか。

権藤　いや、僕は音なしです。僕の場合は力一杯いく感じじゃなくてソフトタッチのほうでしたから（笑）。

でも南海の杉浦さんなんかは、リリースの瞬間にバチーンっていう音がベンチにも聞こえたって言いますね。まあ杉浦さんならありそうですよね。38勝4敗で、日本シリーズ4連勝なんて、この世の人じゃないですから。

バッティングは2流派に分かれる

権藤　石毛やブライアントの迫力に比べると、広島の鈴木誠也なんかは首位打者もとりましたけど、まだ成長途上の感じがします。あれだけのパワーを持っているけど、まだ振り切れていない。数字も出ているし、タイトルもとったけどまだ七分咲きの感じですね。

あの体とスイングの速さからいったら、もっとインコースへ投げづらくなるような迫力を出さなきゃいかんですよ。

二宮　東京オリンピックの4番候補と言われていますね。

実は鈴木誠也の師匠は、いつも自主トレを一緒にやっているソフトバンクの内川聖一ですが、内川はどこでも打ってやるという長嶋さんタイプだと私は思っています。

審判がストライクゾーンを決めるんじゃない、ストライクゾーンは俺が決める。俺が打てるところがストライクゾーンなんだというのが長嶋さんや内川だと思うんです。

一方で王さんは、ボール球やストライクでも四隅に決まったら打てないと。甘いボールを、どれだけ逃さず打てるかがいいバッターなんだと。長嶋さんや内川とは全く違うタイプ。私見ですが、バッターはこの2つの系統に分かれるような気がします。

かつての巨人が強かったのは、系統の違うバッターが3番、4番にいたからではないかと思うのですが……。

権藤　それはおっしゃる通りですよ。

長嶋さんはどこを打つか分からないから、ピッチャーもどこにボールを投げていいのか分からない。逆にワンちゃんの場合は、コースにきっちり決まれば抑えられますが、ボール1つ甘いと捕まえられます。あれはあれで大したもんですね。

ワンちゃんは機械みたいなもので、バットが出てくる範囲はいつも一定でそこをはみ出してはこないから、コーナーに決まれば先っぽに当たって、フライが上がったとしてもフェンスの手前に落ちる。だけど、長嶋さんはボール球でも打ってくるから、こちらは計算できない。この2人のコンビはやはり脅威でしたよ。

二宮　どれだけ甘いボールを打つかに集中する王さんと、ボール球でもなんでも打ってやろうという長嶋さん。全然違う野球観とそれに見合う最高の技術をもった二人が3番、4番に座っていたんですから、それは強いはずですね。

崩されても打つのがいいバッター

権藤　四隅の厳しいストライクを打とうというのは、まだ長嶋さんの域ではないです。長嶋さんは四隅を打とうというのでもなくて、要するにボール球だろうが何だろうが自分のストライクゾーンがあって、それがとんでもなく広いから、こっちはどこを攻めていいのか分からない。

二宮　ストライクゾーンは審判じゃなくて俺が決めるということですよね。近年では内川がそのタイプです。だからWBCなど国際試合には滅法強い。誰が相手でも左右されることがありませんから。それにしても長嶋さんは、フォームを崩しながらのヒットやホームランが多かった。

権藤　いつも崩れてます（笑）。

二宮　極端に言えば、崩れても打つのがバッターなんだという打撃観と、フォームが崩れてはバッティングにならないないという打撃観の一派。２つの流派の代表がＯＮなんでしょうね。

権藤　ワンちゃんみたいにちょっとでも甘い球を自分のスイングで仕留めるというのも、あのレベルまでいったらそれはもう大したものですけど、僕の考えでは、いい球をいいスイングで打つんだったら誰でも打てる。だけど、バッターは崩れて打ってナンボだと思うんですよ。

二宮　ピッチャーはバッターを崩しにいくわけですもんね。

権藤　そのためにいろんなものをミックスして投げるわけじゃないですか。内側に行ってのけぞらせてから外で勝負するとか。

まあ、ピッチャーの思惑通りに事が運ぶなら簡単ですけど、なかなかそうはいかない。内側でのけぞらせたら、次は外で打ち取るぞっていう考えがピッチャーにはあるけど、バッターはバッターでそれに対処してきますから。

確かに近年、強力な対処をしてくるのは、内川でしょうね。もう打席に入る前から、あっち（アウトコース）を打つか、こっち（インコース）を打つか、自分で勝手に決めてますもんね。

2年前（17年）の日本シリーズで打ったホームランがありましたよね。インコース低めをすくい上げたやつ。こっちに打つんだって決めたらじーっとインコースを待って仕留めますから。

二宮　DeNAの山﨑康晃から打った9回裏の同点ホームランですね。まさに勝負師というホームラン。あれが内川の真骨頂ですよ。

私は内川を東京五輪代表に入れたほうがいいという意見です。なぜかと言えば、内川は初ものに強いんですよ。なぜ初めて対戦するピッチャーに強いかといえば、やはり自分でストライクゾーンを決めているからだと思うんです。

国際試合になると、よくバッターが「ストライクゾーンが合わない」と言います。しかし内川にはストライクゾーンなんて関係ない、打ちたいところを打ってるだけですから。

ああいうバッターは代表に入れておいたほうがいい。ベンチに置いておくだけで頼りになりますよ。

内川聖一――決め打ちの恐ろしさ

権藤　あれはやっぱり恐ろしいヤツですよ。

内川というバッターは打てるコースと打てないコースがはっきりしていて、それが打席によって変わる。打てないコースはその打席で狙っていないから打てないだけで、狙ったら打てるんだよっていうことでしょうね。外を狙っているときにインコースに来たらからっきしダメですから。

二宮　山﨑からの一発も狙っていたから打てたと。そんなに甘いボールではなかったですからね。

権藤　間違いなくインコース低めを待っていて、一発を狙っていましたね。

ピッチャーの視点からすれば、あの場面、怖いのはホームランだけじゃないですか。だから内川にどうやってホームランを打たれない球を投げるかと、そこを考えればいいだけだろう、と僕は思うわけです。

というのもあの場面、困ったら歩かせるのもありなんですよ。ところが、先頭バッターのデスパイネを打ち取った。強力なバッターですけど、ノーアウトですからあそこは勝負に行くしかない。そうしたら、ちょっと甘いスライダーでショートに痛烈な当たりでしたけど、ショートゴロで1アウトがとれた。

それで調子に乗って、まともに勝負に行ったのが間違いなんですよ。あそこは外、外と行ってもいいから、絶対にホームランを打たれないところに投げなきゃいけない。しかし欲が出て内川の得意なインコースのツーシームを投げてしまった。

内川は待ってましたよね。内川がホームランを打てるのはあそこしかないんです。外の球を踏み込んでいってホームランにできるほどのパワーは、今はもうないですから。外ところが、あの場面、外しかないっていうところでインコース。ピッチャーはインローのいいとこに投げたと言うかもしれませんが、インローが内川の一番強いところですから。あれはミスでしょう。

二宮　やはり強打者はローボールに強いと。

権藤　そう。同じインコースでも、もうちょっと高いとバットのさばきが難しいけど、内川クラスのバッターならインローはバットがスムーズに出る場所なんですよ。
それでも狙っていなければ打てませんけどね。もうバットがスッと出てホームランでしょう。まだ同点と言っても、あそこで同点にされたら終わりですよね。
二宮 内川のすごいところは、ここはヒットを打つ場面かホームランを打つ場面かと考え、決めてから打席に入っているところですよね。
権藤 決めてる、決めてる。ピッチャーを見て、ホームランを打てるボールはこれ、ヒットを打てるボールはこれと見極め、ホームランを打ちたい場面なら、打てるボールしか狙っていない。
二宮 この打席はヒットでいい、この打席はホームランだと決めていますよね。しかも狙った球を確実にとらえる技術がある。
今でも、ここ一番では最も頼りになるバッターだと思いますね。国際試合で彼を使わないのはもったいない。

第五章

嫌なピッチャー、嫌なバッターをつくるために

——監督・コーチができること、できないこと

ピッチャー困らせるにはインコースを振るな

二宮　権藤さんは相手チームのバッターをどう抑えるかをいつも考え、バッターを穴の開くまで観察していた。だからバッティングコーチをやらせても、誰にも負けないとおっしゃっていました。

そこで伺いたいのですが、投手が嫌がるバッターになるには、何を身につければいいのでしょうか。

権藤　さっきバッターはどうやったら打てるようになるかという話で、「インコースは捨てろ」と言いましたが、逆に言えば、バッターにインコースを捨てられると、ピッチャーは嫌なんです。

と言って、インコースには全く手を出さないとなると、それを見透かされて内側を攻められる。だから、たまにはインコースにヤマを張ってガーンとファウルを打つぐらいのことは必要です。

ただ、インコースを打つのはその1本ぐらいにしておいて、あとは捨てる。いくら攻められても捨てることです。普通のピッチャーはそこまでインコースにコントロールできませんから。

もちろん、かつての平松みたいにシュートが抜群で右バッターを詰まらせたいというピッチャーはインコースに放れますよ。それが彼の生命線ですから。

今ならインコースに放るピッチャーと言ったら、中日の吉見（一起）が代表的ですが、それでも数えるほどです。

二宮　なるほど。バッターはインコースにこだわると外が打てなくなる。それに、もともとインコースで勝負してくるピッチャーが少ないのであれば、インコースを捨てるのも、一つの方法ですね。

権藤　それが一番ピッチャーは辛いんですよ。バットは先のほうが太いですから、バットを上下逆さに持っているのならインコースも芯に当たるかもしれません。しかし、普通に構えていたらインコースは芯に当たりません。

二宮　ピッチャーからすれば、インコースにバッターが手を出してくれれば、バットの根っこのほうに当たって詰まる可能性が高い。つまりバットを振ってくれることが前提であって、見逃されることを前提には投げてはいない。だから振ってくれないと困るわけですね。

ピッチャーは基本、アウトコースに投げたい

権藤　たいていのピッチャーは基本は外、アウトコースへ行きたいんですよ。だけど、それを狙われるのが嫌だから、たまにインコースに行くだけの話なんです。

だってそうじゃないですか。ブルペンで見ていると、たいていのピッチャーは100球投げたら70～80球は外角へ投げますよね。まずはアウトコースの真っ直ぐ。そして同じところにスライダーを出し入れする。これが多くのピッチャーの基本線です。

シュートの出し入れなんてことをブルペンでやっていたら、よっぽどこいつは変わってるということになりますよ。それこそ平松みたいにそこへしか投げられない、俺はインコースで勝負するんだというピッチャーはめったにいません。そんなピッチャーはま

あ、あとは西本聖ぐらいのものでしょう。
　各球団でローテーションを張っているピッチャーは、100球投げたらそのうち70〜80球はアウトコースというヤツばかり、基本はアウトコースなんですよ。
　だからピッチャーは何にとって嫌かといったら、アウトコースを狙われないようにときどき投げるインコースにバッターが手を出してくれないこと。これをやられるのが一番嫌なんです。

二宮　要するにインコースを無視する勇気が必要だということですね。どうせインコースはアウトコースの〝撒き餌〟にすぎないというくらいの割り切りが必要だと？

権藤　そうです。相手チームのピッチャーを打ち崩すにはこれだということを徹底して考えるバッティングコーチはほとんどいません。それより、バッターをどうやって育てるかということばかり考えている。
　本当は、バッターを育てるためには、どうやって相手ピッチャーをやっつけるかというところに視点がいかなきゃいけない。バッターは対戦するピッチャーを打ってナンボじゃないですか。それによって自信をもち、育ってくる。

ところが、インコースを打つにはこういう打ち方をしなさい、カーブはこうやって打ちなさいとか、そういうことをいくら教えたところで大して打てやしないんです。本当に打てるバッターを育てたいなら、内か外かどちらか徹底して狙っていくことを教えるしかないんですが、それをできるバッティングコーチはほとんどいない。

二宮　権藤さんがよく監督・コーチは技術ではなく、戦い方を教えなければいけないとおっしゃるのはまさにそういうことなんでしょうね。

権藤　結局、3割バッターというのは、目が良くてバットコントロールがいいとか、反応がいいとか、そういうこともちろんありますけど、それだけではプロの一線級は打てません。

簡単に言えば、四隅のいいところへ決まったら、バッターはまず打てないんです。一方で、アウトローいっぱいにいつもコントロールできるピッチャーもまずいません。だからピッチャーはあちこちにボールを散らしたり、緩急をつけたりしてバッターの目の錯覚を誘うわけですね。

バッターは、あちこちのボールを追いかけていたら、まんまとピッチャーの仕掛けた罠にはまってしまう。だから、プロのいいピッチャーを打つには、狙い球を決め、それ以外は捨ててかかるしかない。そういうことを3割バッターはやっているわけですよ。

「高めが盲点」と誰も考えない

二宮　これまでは正しかったことが、これからも正しいとは限らない。しかし、その切り替えには時間がかかります。

権藤　「低め、低め」というのが完全にそうですよ。フライボール革命の時代になって、バッターのスイングが変わってきているのに、それでもまだピッチャーは「低めに集めろ」とやっている。

今のバッターのスイングは、低めのボールを打ち上げるように変化してきているんですよ。そこに低めを投げたらやられますよ。

今は高めです。高めが盲点なんです。つまり、いいバッターはローボールヒッターだということ。高めをよく打ってタイトルを取りましたなんていうバッターはもういない時代なんですよ。

二宮　高校野球において、池田高校の蔦《つた》文也監督が金属バット時代の勝ち方を意識し、筋力トレーニングを導入したとき、ほとんどの高校野球関係者は「高校野球は守りから入るもの」と否定的でした。しかし、蔦監督は結果を出すことで、自らの正しさを証明した。いつの時代にも、否定から入る人はいるものです。

権藤　長年の刷り込みというか、固定観念というのはそれぐらい根深いものなんですよ。時代は変わっているのに頭の中は自分が現役の頃のままという人が、コーチにも多いですよ。変わることを恐れているんですよ。これまでの経験が役に立たなくなりますから。

二宮　人間、何が恐ろしいかといって、自分のこれまでの経験が無力化されることです。だから過去にこだわろうとする。これは、分かっていてもやめられない。権藤さんは、過去を否定できる勇気がある。そこが素晴らしい。

権藤　目の前の現実をよく見てみなさいということです。フライボール革命ばかりではなくて、道具が良くなってボールも飛ぶようになっていますし、筋トレなんかでパワーもケタ違いになってきていますから。

「ピッチャー連中は低めで打ち取ろうと投げてくる。その低めのボールをどう打つか」とバッター連中も考えるわけじゃないですか。「低め、低め」に対抗しなきゃいかんと。だから高めが有効になるということです。

野球から「クローザー」を学んだエディー・ジョーンズ

二宮　日本で開催されたラグビーワールドカップを見ていても、昔のラグビーと全然違いますからね。ジャパンはスクラムでティア1の強豪国と互角の勝負を演じた。パワーでも引けをとらなくなったということです。

権藤　日本のタックルはダブル、2人の連携で行くじゃないですか。あれくらいでないと外国人のパワーを抑えられない。野球もどんどんパワーの時代になってきましたね。

二宮　日本人は「欧米人にはパワーでは勝てない」と言われてきましたが、昔が10対5なら、今は10対8ぐらいに近づいてきた。あとは日本人の切り口で何とかなる。たとえば、スクラム。外国人にできない正座が日本人にはできる。これをうまく取り込みました。

前回のワールドカップで日本代表を率いたエディー・ジョーンズさんは、フィジカルで劣る日本チームはスクラムやタックルで勝負できないと言われていたのを、「そんなことはない。工夫すれば日本人だってスクラムもタックルも勝負できるはずだ」と、日本人の特性を生かしたやり方で一気に日本を世界と戦えるレベルに引き上げました。

もう一つ、ワールドカップの日本代表を見ていて思ったのは、ラグビーもまさに「継投論」が大事だなということです。

いつどこで、誰と誰を交代させて流れを変えるか。その象徴がスクラムハーフの田中史朗でした。170センチに満たない彼が後半の苦しいところで入ってきて、ボールを散らしたり、果敢にタックルを繰り出したりするだけで空気が変わった。以前、エディーさんが「彼はクローザーだ」と言っていましたが、今回のワールドカップでも確かにそれだけのものを見せてくれました。今、ラグビーにリザーブという言葉はありません。インパクトプレーヤー。ベンチにいる23人全員で戦う時代です。

権藤さんは、5年まえにエディーさんと日経新聞で対談されていますね。

権藤　エディーはラグビーはもちろんですが、それ以外のいろんなものをよく勉強していますね。それで、佐々木や僕にもに興味をもってくれたようですね。対談のときも僕のことを勉強してきてくれているのが分かりました。

そのとき、僕は彼に偉そうに言ったんですよ。日本はラック（ボールが地面にある密集状態での奪い合い）のときに倒れて寝ている選手が多い。それで寝たり起きたりを繰り返しているうちに疲れてくる。だから後半に弱いんじゃないかと。

それなら寝て起きる、寝て起きるという練習をやらないといけないんじゃないかと言ったら、宮崎の代表合宿で、そういう練習をしていましたね。僕もちょっとだけ日本ラグビーに貢献しているんですよ（笑）。

門外漢の人間から指摘されたことでも素直に耳を傾け、それはそうだと思ったことは吸収していく姿勢はやっぱりさすがだと思いますね。

打撃開眼の瞬間

二宮　話は変わりますが、２０１９年は、中日の高橋周平が途中までずっと首位打者をとるような勢いでした。ケガをしてリタイアしている間に抜かれ、最終的には2割9分3厘で打率8位の成績でしたけど、打撃開眼と言っていい活躍だったと思います。

彼が打撃開眼のきっかけについて話していました。5月5日、ナゴヤドームでのヤクルト戦でインコースの真っ直ぐをライトに大きいファウル（投手はヤクルトの中尾輝）を飛ばした。これでインコースの打ち方が分かったと。

それまでは、後ろ足に体重を乗せてポイントを後ろに、後ろにと意識していたのが、その打席は踏み込んでちょっと前のポイントでガーンと打ったらいい当たりが飛んだ。それによって自分の打つポイントが分かったということのようです。

権藤　ライト線の大ファウルでしたけど、崩されても打てる間合いの取り方のようなものをつかんだみたいですね。

二宮　有名な話ですが、「王を一人前にしてくれ」と川上（哲治）監督から託された荒川（博）コーチが、いつまでもたっても結果が出ないのを別所（毅彦）コーチに突かれ、苦肉の策で「今日の試合、右足を上げて打ってみろ」と。それが一本足打法のきっかけになった。

　行き詰まっていた王さんは、藁にもすがる思いでそれを実行し、その試合でホームランを含む4打数3安打と大当たりした。これが一本足打法の始まりと言われています。のちに王さんが語ったところによると、それまではどうしても始動が遅れ気味で速球に詰まることが多かった。それが、足を上げて始動を早くするフォームにしたことで間合いが取れるようになったと。

　高橋周平の場合も、ひとつのファウルがきっかけで、打撃のコツをつかんだ。何か来シーズン以降、大化けの予感がしますね。

権藤　そうですね。高橋周平は使われているうちにその日がやって来た。使われていなければその日は来なかったかもしれません。

　彼は高校時代からあのバッティングで、形は変わっていないんですよ。だから、もっと前から使っていれば、打撃開眼の日はもっと早く来たかもしれない。このあたりは、もって生まれた選手の運ですね。

7割は自分のバッティングをするのが3割バッター

権藤　打撃開眼で思い出したのが、僕が2年目、3年目のとき、パ・リーグのリーディングヒッターになった近鉄のブルームのことです。

対戦したのは2年目（1962年）で、僕はオールスターの第2戦に平和台で先発だったんですよ。九州だからパ・リーグは西鉄の稲尾さんが先発でした。

1球目、ブルームにカーブを投げたらいい感じで空振りが取れた。それで2球目もカーブを投げたら、高いところから膝元のいいところに落ちていったんですよ。

それをブルームにコーンと打たれて、ライトスタンドにホームラン。「おおっ、こんなバッターがいるんだ」と思っていたら、権藤からカーブを打って打撃開眼したとか言って、その年、首位打者ですよ。まあパシフィックだから、開眼されてもいいですけど、ちょっとしたきっかけだったんですね。

二宮　打撃開眼は、たまたまそのときだったのかもしれませんが、開眼にいたる伏線があったんでしょうね。

権藤　開眼と言っても、ヤマを張って打てるもんじゃないですからね。1球目も2球目もカーブでしたけど、バットが下から出てきて2球目をコーンと。

二宮　えーと、62年のブルームは3割7分4厘！　すごいですね、前年（61年）が2割9分7厘ですから、まさに打撃開眼です。

権藤　そう、だから高橋周平も打撃開眼ということでしょうね。5月、6月と打ちまくりましたもんね。

二宮　誰々から打ったあの一打がきっかけという話はよく聞きます。

権藤　バットを振ったら、10回のうち7回、つまり7割ぐらいはやっぱりさすがというバッティング、7割は自分のバッティングができるのが3割バッターの特徴です。

じゃあ、何で3割しか打てないのかと言ったら、さっきの「合う、合わない」の問題です。10回のうち7回はさすがというスイングをしていても、3割ぐらいは「今日は合ってない」という日があるんですよ。

二宮 いずれにしても3割打者はプロの勲章です。

権藤 ヘボなバッターは下手をすると7割ぐらい合っていない日があるわけですね。ただ、そういうバッターでも、合っている日はすごいですよ。

二宮 「なんだお前、こんなバッティングができるんだ」と。でも長続きしない。

権藤 そこはみんなスカウトの目に留まってプロ野球に入ってきたバッターですから、自分のスイングができた日はすごいですよ。ただ、そういう日が盆と正月ぐらいしか来ない（笑）。

そういうバッターにああせい、こうせいと言って、何とか育てようとするバッティングコーチが多いけど、たいていはダメですね。ますます打てなくなります。

僕らが長いこと、ピッチングコーチでございと生きてこられたのは、ある意味、そういうバッティングコーチがいてくれたおかげですよ（笑）。バッターをどんどんダメにしてくれますから。

選手の居場所を探してあげるのがコーチの仕事

二宮　権藤さんがいつもおっしゃる「コーチは教えてすぎてはいけない」ということですね。

権藤　プロ野球選手は文字通りみんなプロなんです。一般のサラリーマンみたいに月給いくらで会社に雇われているのではなく、球団と年俸いくらで契約している個人事業主なんですよ。

普通の新卒サラリーマンが会社に入ってから仕事を覚えていくのに対し、プロ野球に入ってくる人たちは、人並み優れた野球の腕が認められた人たちでしょう。そんな人たちを管理したり、野球の技術を教えるなんておこがましいというのが僕の考えです。

実際、こうやって投げなさい、こうやって打ちなさいと手取り足取り教えられて、その通りやるような選手は伸びていきません。他人の考えを参考にするのはいいけれど、自分には何が必要なのかを自分の頭で考えるようでなければ、どだい、プロとは言えないんです。

二宮　おっしゃる通りです。プロ野球選手は個人事業主です。その個人事業主に対し、ああだ、こうだと言うからおかしくなる。成長するのも成長しないのも自分の責任。コーチは求められれば教えればいい。これが基本です。日本は〝教育の一環〟で高校野球をやっているから、選手は個人事業主だと言ってもピンとこないのかもしれない。

権藤　さっき言ったように、選手一人ひとりが俺はどうやったらチームの役に立つ選手になって、プロでメシが食えるかを考えて自主的に努力するということがプロの大前提だとして、コーチの役目というのは、そうやってもがきながら前に進もうとしている選手をサポートすることですよね。

そのときに、僕の場合は選手の痛みというものを身をもって経験したからこそ、そういうものが分かるということ。それがあるからコーチとして半世紀もの間やってこれたんじゃないかと思っているんです。

二宮　権藤さんのように光と影を最大値で経験した人は、そう多くありません。影の時代がコーチとして生きたのであれば、権藤さん自身、何かしらの役割を天から与えられていたのかもしれません。

権藤　僕の現役3年目は10勝12敗という成績です。そのときに思ったのは、やっぱりプロの世界は甘くないということ。

だけど、2年連続30勝投手から10勝の投手になったあのときの自分を、もし今の自分がコーチとして見てあげていたら、20勝、30勝は無理でも10何勝ぐらいは勝てるピッチャーとしてもう少し長くやらせられたのかな、と思うことはあるんですよ。

今思えば、あのときの自分は、30勝したときの自分を追い求めてもがいていたと思うんです。もう30勝したときの権藤博ではない。それでも、そのときの自分に戻りたいという思いでやってきて、余計に悪くなっていった。

そんな経験があるもんですから、選手がいいときの自分を追い求めるのも分かる。しかし、元に戻るのは無理でも今の状態に合った生き方がないかを探し、そこに導いてあげる。それがコーチの役割ではないかと思うんですよ。

二宮　選手一人ひとりの現状を踏まえ、それぞれの出番、役割、居場所を探してあげるのがコーチの仕事だと。いつもながら権藤さんの話にはヒューマニズムを感じます。

権藤　こう変わったらまだやれるんじゃないかというピッチャーはたくさんいます。でも今のコーチを見ていると、昔の僕のように元のいいときに戻そう、戻そうとしている人が多いと思います。

　でも、いいときは戻ってこない。今の実力に応じた働き場所を探し、与える。それがコーチの仕事なんです。

二宮　選手はやっぱりいいときの自分に戻りたいですから、もがきますよね。でも昔は戻ってこない。もがいているうちに居場所がなくなっていく。元の場所ではなく、新しい場所、違う場所、そこに導くのがコーチの仕事でしょうね。

教えることができるのは技術ではなく「戦い方」

二宮　この本の最初のほうで権藤さんは、ピッチャーが抑えるか、打たれるかは、バッターがピッチャーにタイミングが合うか、合わないかが重要で、バッターのタイミングを外す間やタメが重要だとおっしゃいました。しかし、そこは教えられないとも。

そうすると、ピッチングコーチができることは、あらかじめ限られているということですね。

権藤　それはそうです。合う、合わないというのを突き詰めていったら、ピッチャー側の間とかタメの問題はもちろん大きいし、バッターの傾向なんかもあるし、いろんな要素が合わさってくるんですよ。

だから、ピッチングコーチは打たれる人を打たれないようにしてあげたい、バッティングコーチは打てない人を打てるようにしてあげたい、とみんな思うけれど、コーチが教えられることは極めて限られています。

『継投論』の中でもふれたと思いますが、コーチは教えないほうがいい。教えるのではなくて、「監督・コーチは選手に対してこれをしてはいけない」ということをしないこと。僕は「べからず集」と言っているんですが、長年の経験の中で僕の中に蓄積したそういうものがあるんです。それだけは守ろうというのが僕の基本スタンスですね。

二宮　それは『教えない教え』（集英社新書）にも書かれていますね。

集団の上に立つ者は「何をすべきか教えるのではなく、一人ひとりが〝なにをすべきなのか〟を考えられるようにしてやること」「中間管理職は一人ひとりが力を存分に発揮できるように『部下を火の粉から守ってやる』ことが大事だ」と。これは一般社会にも通じることです。

権藤　結局、コーチが教えられるのは技術ではなくて、戦い方。どういう気持ちでどう戦えば勝てるかということに尽きるんです。

打たれる勇気をもて

権藤　ＷＢＣのときに菅野に言ったのは、「打たれる勇気を持ちなさい」ということです。抑えよう、抑えようと思って投げるからボールをあちこちに散らす。その結果、球数が増えていく。

菅野ぐらいのピッチャーになれば、打ってみろと攻め込んでいっても、そう簡単にホームランを打たれたりはしない。だから、どんどん攻めていけばいいんですが、どうしても打たれたくないという気持ちが勝ってしまう。

打たれまいと思って四隅にボールを散らせば、菅野に限らず、今の野球で三振、三振というピッチングができるピッチャーはいませんから、どうしてもファウルが増えて球数が増えていく。結果的に、どこかで甘いボールがいってしまう。そうならないために、攻めていく姿を見せなさいと言ったんです。

二宮　準決勝のアメリカ戦、惜しくも敗れはしましたが、まさにそういうピッチングを見せてくれましたね。あの試合、菅野のピッチングは鬼気迫るものがありました。

権藤　試合前に菅野に言ったのは、メジャーリーグの連中相手にはインコース高めしかないんだ、インハイに速い、強い球を投げなさいということ。それができなかったらアメリカには勝てないし、打たれるか打たれんか、思いっきり行ってみなさいんです。

誤解を恐れずに言えば、もちろん目の前のアメリカをやっつけたい気持ちはあるけれど、一発勝負のWBCの勝ち負けなんか、ある意味どうってことはないんです。

それよりも、「おっ、菅野はこんな攻め方でアメリカのバッターを抑えるのか」という姿をここで見せることが、ペナントレースに必ず生きてくる。日本で戦う選手たちはみんな見ているわけですから。そのためにここに来ているんだよということです。

二宮　菅野にとって、あのＷＢＣの経験は大きかったんじゃないでしょうか。それまでも、もちろんいい投手ではあったんですが、あれからは投球に凄みが増しましたね。

権藤　いや、でもまだまだ。もっと高めにどんどん行って欲しいですね。今年（19年）も、結構低め、低め、コース、コースと行っていましたが、低めのいいところへ投げても、そのうちバッターも感じをつかんできますから、ファウルされるわけですよ。

　そんな重箱の隅をつつくようなピッチングをしなくても、真ん中の高めにズバッと行けばいい。それでホームランされるようなヤワなピッチャーじゃないんだから。

二宮　それこそが権藤さんの言う「戦い方を教える」ということですね。

権藤　無難に「低く、低く」と言うだけなら、スタンドのお客さんでも言うじゃないですか。それではコーチの仕事をしていることにならんのです。

　分かるんですよ、菅野はスライダーに自信をもっています。だから無難に無難に行きたくなる。バッテリーに任せておいたらそうなりますよね。そのときこそコーチの出番じゃないですか。

「もっと高めにガンガン行け。どうせ打てやせんから！」「お前ならもっと簡単に打ち取れる。ファウルで粘らせるな！」と発破をかける。
一級品のピッチャーには、それに相応しい凄みのあるピッチングをさせる。それがピッチングコーチの仕事なんですよ。

フルスイングさせないための勝負

権藤　要するに、ピッチャーはバッターと勝負に行かないことにはどうにもならんということです。
抑えるか、打たれるかの勝負にいく。胸元へズバッと投げ込まずに外、外で抑えようとしても無理です。余計に痛い目に遭います。

二宮　権藤語録に「やられたらやり返す」というのがあります。たとえ打たれたとしても、次の勝負でまた向かっていく。そうしないと、そのピッチャーはダメになるし、チームに勢いも生まれないと。

権藤　それが戦い方を教えるということだと思うんです。

二宮　「あいつはインコースに来るぞ」と思わせておけば、バッターは次の対戦でインコースを頭に入れて打席に入る。そうすると、外に的を絞ってフルスイングすることができなくなる。それだけでもアナウンス効果あり、ですよね。

権藤　つまるところ、ピッチングコーチが考えることは、いかにバッターにフルスイングをさせないかということじゃないですか。

たまたま1本ぐらいホームランを打たれたって構わない。場合によっては、それで試合に負けることもありますから、ある意味、試合を捨てるような気持ちで勝負させることだってあります。

二宮　監督たる者、「この試合、こいつにくれてやる」という気持ち、「試合を捨てる勇気」をもっておくことが大切なんでしょうね。

権藤　ただ、やるかやられるかの勝負に行っていい場面とそうでない場面があります。ここは勝負に行きなさいと、やられたってまだ4回じゃないかというのと、同点や1点差のゲームで、ここでやられたら勝負あったという8回、9回では違いますから。

勝負どころを迎える前であれば、ズバッと勝負に行って、抑えても打たれても、それが必ず次の対戦に生きてきますから、勝負に行くべきです。

「フォアボール」という戦い方

二宮　そこがゲームのマネジメントですね。リスクを負う場面と負いすぎてはいけない場面。それが「戦い方を教える」ということなんでしょうね。ところで、「フォアボールを恐れるな」という話が先にも出ましたが、フォアボールにしても、出していい場面と出してはいけない場面がある。

権藤　「フォアボールを恐れるな」には２つの意味があります。

１つは、勝負に行ってのフォアボールはいいですが、勝負に行かずにフォアボールを出したら意味がないということですね。

もう１つは、ここで打たれたら終わりという勝負どころの話。ここは今の時代、「フォアボールを恐れるな」をもう一歩進めて、「フォアボールを出す勇気」をもつことも必要だということです。

これは、WBCのときに気づいたことですが、ボールが先行して不用意に取りにいったストライクは餌食になるということです。

ボールが続くと、ピッチャーという人種は必ずストライクが欲しくなる。そこでスッとストライクを取りにいって甘く入ってしまったところをガツンとやられる。これを大事なところでやってしまったら、勝負が決まってしまいます。

それならむしろ、「歩かせたっていいじゃないか」という気持ちで投げたほうがいい。あくまでも勝負をにらんでのことです。

二宮　ただ、先述したように日本のピッチャーには、「フォアボールは悪だ」という固定観念が刷り込まれています。フォアボールは逃げのピッチングで恥ずかしいとか。フォアボールにもいいのと悪いのがある。それを早い時期から教えなければならない。

権藤　勝つためのフォアボールですから、恥ずかしいどころか、むしろ勇気あるフォアボールなんだと言ってあげれば、ピッチャーも傷つかない

ところが、何も勝負を逃げたわけではなく、勝つための立派な戦い方なんだということをコーチがフォローしてあげなければ、ピッチャーは「逃げ」だとか「恥ずかしい」

とかいう刷り込みに負けてしまい、不用意なストライクを投げてしまうんです。

二宮　フォアボールを出す勇気。でも、その勇気を誰かが支えなければならない。それこそがコーチの仕事だというのが権藤さんの考えなんですね。

野茂英雄――「フォアボールを出す勇気」の体現者

権藤　今振り返ると、「フォアボールを出す勇気」を誰よりももっていたのは、野茂英雄だと思います。野茂はいくつフォアボールを出しても、最終的に勝つわけですから。彼は16四球で完投勝利という日本記録をもっているんですよ。確か200球近く投げています。

二宮　94年の西武戦（7月1日）ですね。スコアは8－3で被安打5、8奪三振、球数は何と191球です。

ヒットとフォアボールを合わせると21安打されたのと同じです。それでいて3失点。いかに要所を抑えたかということですね。

権藤　仰木さんが監督のとき、野茂がその記録に迫った試合があったんです。僕は、「どうせなら日本記録をつくらせましょう、こんなのは野茂にしかできませんから」と言ったんですが、仰木さんが代えてしまったんですよ。あれはもったいなかった。新記録をつくらせてあげればよかった。

二宮　野茂はフォアボールは出しても、押し出しはあまりないですからね。本人は言っていましたよ。「いくらランナーを出してもホームに返さなきゃいいんでしょ」と。

権藤　しぶといんですよ、あいつは。

フォアボールは俺の戦いの1つだという感じで、何とも思ってない。このバッターに打たれるぐらいだったらフォアボール出して、次のバッターで。それでもダメならまた次でという感じで戦い、最後は抑える。

フォアボールを出しちゃいかん、出しちゃいかんと思って7つも8つも出したら普通はクタクタになります、しかし、彼は戦っているから疲れないんですよ。

野茂にとって、フォアボールは戦い方の一つなんです。それが分かって僕は野茂を見直しました。野茂は本当はコントロールがいいんです。ストライクを投げようと思えば投げられる。ただ、勝つためには歩かせたっていいんだと思って投げている。それに気づいたんです。

二宮　メジャーリーグでのデビュー戦、いきなりサンフランシスコ相手に、初回、2死満塁のピンチを迎えました。しかし、そこから後続を打ち取り、無失点。いきなり〝らしさ〟を発揮しました。

権藤　その辺は何にも言わない奴ですけど、だいたい想像はつきます。このバッターよりこっちのほうがいい。こいつもボールを振らないなら歩かしちゃえ。俺はこれぐらいでへばったりしないぞという気持ちがあるから、何球投げようがへばらない。

二宮　満塁になっても平気な顔をして投げていましたからね。

権藤　戦うマインドが他のピッチャーと全然違いますから。

勝負どころでは、絶対に投げてはいけないボールがある

二宮　「フォアボールを出す勇気」と言えば、先ほど内川の話の中で出ましたが、あの

17年日本シリーズの同点ホームランの場面、DeNAの山﨑に言ってあげたかった言葉がまさにそれではないでしょうか。

権藤　あの場面で考えることは1つしかありません。ホームランだけは絶対に打たれてはいけないということじゃないですか。

そこを考えていれば、インコース低めは絶対に投げてはいけないということ。ホームランの可能性があるのは、あそこだけなんですから。

二宮　ランナーもいなかったし、思わず得意球のツーシームで勝負に行ってしまった。それにしてもインコース低めはない。山﨑の大舞台での経験不足が露呈しました。

権藤　あそこだけは投げてはいけないところです。

ああいう場面、佐々木ならもっと慎重ですから、フォークをインコースに投げたりしません。あれを投げてしまうということが山﨑がまだ甘いところでしょうね。

二宮　あれはラミレス監督のサインなんでしょうか。

権藤　たぶん山﨑には出してないでしょう。いや、逆に、あそこだけはベンチからサインを出せばいいんですよ。あそこで打たれるわけにはいかんのですから。

繰り返しますが、相手を考えたら、インコースで勝負するという配球は完全に間違いですよね。危ないと思ったらフォアボールでもいいわけですから。

二宮　相手が内川ですから、フォアボールを出す勇気があってもよかったということですよね。今年（19年）のCSでも山﨑は阪神の福留に同点ホームランを打たれましたね。テレビ解説の大魔神・佐々木が、投げた瞬間に思わず「ダメ！」と声を上げていました。

権藤　一発同点の場面でインコースにいったのも同じ轍《てつ》ですが、それ以前に8回、9回のイニングまたぎをさせたのがまずダメですよね。ベンチにいる間にピッチャーは余計なことを考えますから。

ラミレス監督を見ていると、並みのピッチングコーチなんかよりずっと戦っているし、ピッチャーに戦う姿勢を植え付けることができる監督だとは思います。その点は評価するんですが、いかんせん野手出身ですから、ピッチャーのことをまだよく分かっていない。そこはピッチングコーチの三浦大輔が「こうしましょう」と監督に強く言い切らなければいけませんね。

二宮　コーチにはやっぱり「こうしましょう派」になって欲しいですよね。

権藤流サインの出し方

二宮　今、ベンチからのサインの話が出ましたので、改めて伺いますが、権藤さんが横浜の監督時代にベンチからピッチャーにサインを出し続けていた話は有名です。コーチの時代はどうなんでしょうか。

権藤　ピッチングコーチは中日、近鉄、ダイエー、横浜とやっていますが、ずっと出し続けてきましたね。

二宮　1イニングからずっとですか。

権藤　そうです。1回から9回まで1球、1球全部です。

二宮　権藤さんは、メディアには「何もやってませんよ。やるのは選手ですから」とか言いながら、実は徹底してやっている。

権藤　そう言われれば、1球、1球サインを出すというのは結構大変なんですよ。だって、状況が刻々と変わるじゃないですか。これがボールになったら何を投げる、ストライクになったら何を投げると想定しながらやるわけですから。
それから、もちろんバッターの反応を見ているわけじゃないですか。そうすると、真っ直ぐいってやろうと思っていたけど、見逃し方を見たら真っ直ぐに合ってると。そんなときは、どうするかを一瞬で判断しなければいけません。
サインを送る時間なんて、ボールがミットに収まって、キャッチャーがピッチャーに球を返す前にこっちを見る、その目と目が合ったわずか1秒くらいの間です。そこで真っ直ぐとかスライダーとかカーブとか、球種を送るんです。

二宮　1球、1球の結果によって判断が変わるわけですから、まさに瞬時の判断ですね。サインは内か外か、高めか低めかというコースも出すんですか。

権藤　シュートだったらインコースとか自然に決まってくる球種はありますけど、高め低めまではやらなかったですね。
キャッチャーがこっちを見たときにじーっと前を向いていたら外の真っ直ぐ、じーっとこっちを見ていたらインコースの真っ直ぐか、ピッチャーの持ち球によってはシュート、逆のほうを見ていたらならスライダー、ぱっと下を向いたらカーブかフォークとか、そんな感じでしたね。

ビジターゲームのときは、ベンチが3塁側になるので、キャッチャーがピッチャーにボールを返したあとにこっちを向いてサインを出しますから、少し時間の余裕があって楽でしたね。

二宮　サインを盗まれたことはないですか。

権藤　ないですね。そんな単純な動作でサインを出していると相手は思ってないから、かえってバレなかったんでしょう。

二宮　たとえば5点差がついていてもサインを出すんでしょうか。

権藤　10点差でも出しますから。

ただ、そういうときは出し方が違いますよ。慎重にいかなくていいですから、思い切って遊べとか、ツーナッシングからすぐ勝負とか、そういう感じでしたね。

いや、最近、テレビで野球を見ていてもサインを出したくなるんですよ。ピッチングコーチはやらなくていいですから、バッテリーサイン担当コーチとか言ってどこか雇ってくれませんかね（笑）。

一軍選手に教えすぎる日本

二宮　ところで、日本のコーチは教えすぎるというのが権藤さんの持論ですが、そのあたりは時代とともに変わってきているんでしょうか。

権藤　いや、変わりませんね。

バッティングコーチは相変わらずノックをして、足の運びはこうだとか、グラブはこう出せとかやっていますよね。メジャーでそんなことをやっているコーチはいません。

それをやっているのは下の1A、2Aだけです。そこではフットボール上がりで肩が強くて足も速いけど、野球はこれから覚えるという選手たちとかがいますから、野球の基礎を教えなくてはならない。

二宮　日本は中学、高校でかなり高い野球の技術を身につけた人たちがプロに入って来ます。そこはアメリカとの大きな違いで、日本の場合は二軍でも育成でも、野球のルールをこれから覚えるという選手は、ほとんどいません。

権藤　だから、そういう日本の、ましてや一軍選手がグラブの出し方を教わっているというのはおかしなことじゃないですか。

二宮　二軍はともかく、一軍にいるのはレギュラーか、レギュラーが欠けたときにすぐに代わりが務まる選手であるのが本来の姿です。理想を言えば、一軍に関してはコーチは指導よりも起用、あるいはサポートに重きが置かれるべきでしょう。

権藤　そもそも一軍の監督・コーチの仕事は、教えることではありません。選手の能力や適性を見極め、適材適所に配置することです。

誰をどこに配置してチームを組んだら勝てるか。それを考えるのが一軍の監督・コーチの仕事じゃないですか。グラブさばきやバットの振り方を教えるのはファーム。いや、日本の場合はレベルが高いですから、それさえもあまり必要ない。

自分で考えて練習して、意見を求めたければ監督やコーチに聞きに行って、それも選手が自分に必要なことだけを取り入れる。それでいいはずなんです。

ところが日本の場合は、選手が意見を求めてもいないうちから、ああしたほうがいい、こうしたほうがいいと教えたがるコーチが多い。そして、それに全面的に従う選手も多い。それじゃあ選手の自主性はゼロじゃないですか。

二宮　やらされているうちは何も身に付かない。自分の頭で考え、自分の体で考えたことをやってみる。自主性に基づいた練習でなければ、何も自分のものにすることはできないということですね。

権藤　そうです。それがプロじゃないですか。

自分で気づくように仕向ける

二宮　これも権藤語録ですが、「今さら教えてうまくなるようなやつはプロの世界には入ってこない。そもそも何千万、何億円もの契約金をもらってプロに入ってくる選手たちに、やれフォームがどうだこうだというのは、彼らに対して失礼ですよ」というのがあります。

また、横浜の監督に就任されたときのミーティングで、「皆さんはプロなんだから、プロらしくやってください。以上」とおっしゃった。

ある意味、アマチュア野球の延長のような日本のプロ野球の在り方を否定した言葉だと思います。みんな選ばれたプロの選手なんだから何も教えることはない、自分の生きる道は自分で考え、切り拓きなさいと。

権藤　教えられて気づくのはダメなんです。自分で気づかなければいけない。自分で気づくということは、もうその時点でそれをやってみようという気持ちになっているわけじゃないですか。そうなったら、たとえ失敗しても全部自分の責任だから、じゃあどうすればいいかとまた自分で考えて、次に行けるわけです。

二宮　教えられてやってみた結果、うまくいかなかったら、選手には「あの人がこう言ったから」と、教えた人に責任転嫁するような気持ちがどこか生まれます。それでは失敗から学ぶことはできません。

権藤　だから、監督・コーチの仕事は教えることではなく、選手自らが気づくように仕向けることです。

自分で気づいたことをやってみてうまくいったとすれば、それはもう忘れることはありません。身に付くというのはそういうことだと思うんです。

ただ、今はまだあれこれ言われてやっている選手が多いと思いますよ。うまくいっていない選手を見つけては、こうしなさい、ああしなさいと口を出すコーチが多すぎます。でも、それで勝てるようになるピッチャー、打てるようになるバッターはいません。もっと悪くなる場合がほとんどですから。

二宮　選手が気づくまで待つのがコーチの仕事だと。逆に言えば、育っていく選手というのは、気づく能力の高い選手だとも言えるわけですね。

権藤　選手が何かに気づくように、ちょっとした言葉をかけてやる。でも、こうしなさいとは決して言わない。それで何か気づいてやるかやらないか、あとは選手次第です。監督・コーチの役割はそういうコミュニケーションをとってやることじゃないかと思いますね。

もちろん、選手が聞きにきたら助言を与えることはあっていいし、それで伸びるということもあるでしょう。それは教えたのではなく、選手自らが何かに気づこうと必死になっているわけですから、そこでヒントを与えるのはいいんです。

二宮　人から何かを学びたい、気づきたいという姿勢になっている選手に対して助言するのはいい。ただし、教えすぎてはいけないと。野球界だけでなく、上司と言われる人たちに、ぜひ聞いてもらいたい言葉ですね。

ミーティングはいらない、欲しいのはコミュニケーション

二宮　監督時代の権藤さんは全体ミーティングというのをほとんどやりませんでした。それにはどういう意図があったんでしょうか。

権藤　全体ミーティングをやっても、こっちが一方的にしゃべるだけじゃないですか。選手もそんなもの聞いているんだかどうだか分かりませんし、それよりも僕は一人ひとりの選手とコミュニケーションをとるほうが大事だと思ったんです。

　だから、こっちから選手のところへ近寄っていって話しかける。これのほうが、よっぽど選手一人ひとりの細かい情報も入ってくるし、こっちの話も聞いてくれますから。

二宮　そこではどんな話をされるんですか。

権藤　それはいろいろですけど、あいつはこれが足りないと思っていることをさりげな

く助言したりするんですよ。

「おい、大丈夫か？」

「えっ、何がですか？」

「体調だよ、体調」

「大丈夫です」

「そうか、体調さえ大丈夫なら打てるよ。バッターはどういうときに打てないかって言ったら、打ちたい、打ちたいとガツガツしているときだよな。打ちたい気持ちがはやると体が開いてしまうんだよ。昔からストリッパーは胸とパンツは見せるなって言ったんだよ」

「胸とパンツですか……」

「調子のいいバッターはみんなこうやって刀（バット）を後ろに隠してるんだよ。で、来た！と思ったらスパーンと刀が出てくる。でも、お前の刀は見えてしまってるんだよ。じーっと隠しておけって」

「そりゃあ打ちたいのは分かるよ、誰だって打ちたいよな。でもそれじゃあ、お前らしさが消えちゃうって」

とまあ、こんな話をスーッと選手の横でするんです。

二宮　それは選手も聞きますよね。そうか、胸とパンツは最後まで隠しておかなきゃいかんのか、そうかと……。

権藤　場合によっては、酒を飲んだ席で話すのも有効です。リラックスして本音が出てきますから。

「監督、ちょっと聞いてもらっていいですか?」

「どうした?」

「ちょっとタイミングが……」

「合わないか。そうだろうな。そんな気がしていたんだよ」

「いろいろやってみてはいるんですが……」

たとえばこんなちょっとの会話でも選手の本音が分かれば、どうすればいい方向に行くか、こっちの率直な考えを押し付けでなく言うこともできるじゃないですか。他人の考えをどう自分に取り入れるかは選手次第でいいわけです。

コミュニケーションというのは本音が出てこなければ面白くないし、面白いから聞くわけじゃないですか。興味をもって聞かなければ、何の足しにもならない。
それには1対1で話すのがいいと僕は思うんです。全体ミーティングでそれはできませんから。

二宮　監督にコミュニケーションをとってもらった選手は、自分が気にされているということを感じますから、やる気も出ますよね。
ミーティングよりもコミュニケーションだと。ただ会議で伝達するだけなら、これは業務連絡。コミュニケーションとは似て非なるものです。

権藤　本音を聞いてやって、こっちも本音を言う。プロ野球だって一般の会社だって勝つという目的は一つなんだし、それに向かって力をどう結集するかなんですから。本音を言い合って、俺はこうしたいけど、お前はどうなんだと話し合える雰囲気がないと、組織の力が最大化することはないと僕は思います。

編　　集　飯田健之
協　　力　株式会社スポーツコミュニケーションズ
DTP制作　三協美術

打者が嫌がる投球論　投手が嫌がる打撃論

2019年12月12日　第1版第1刷

著　者　　権藤　博　二宮清純
発行者　　後藤高志
発行所　　株式会社廣済堂出版
〒101－0052　東京都千代田区神田小川町
2－3－13　M&Cビル7F
電話 03-6703-0964(編集)　03-6703-0962(販売)
Fax 03-6703-0963(販売)
振替 00180-0-164137
http://www.kosaido-pub.co.jp

印刷所
製本所　株式会社廣済堂

装　幀　株式会社オリーブグリーン
ロゴデザイン　前川ともみ＋清原一隆(KIYO DESIGN)

ISBN978-4-331-52265-3 C0295